Intellectual Leadership
in Higher Education
—— Renewing the role of
the University professor

Bruce Macfarlane

知の
リーダーシップ
——大学教授の役割を再生する

著者：ブルース・マクファーレン
訳者：齋藤芳子／近田政博

日本語版に寄せて

　私が初めて「大学教授」になったのは、2004年、英国でのことだった。その年に採用面接の準備をしたときのことは、今でも覚えている。教授の役割をどのように考えているかを尋ねられるかもしれないと予想した私は、答えを求めて高等教育の文献を検索したのだった。結果、ほとんど何も得られなかった。教授になるために必要な事柄について書かれたものは多く見つかるのに、実際に教授であるとはどのようなことかについては、大学教員について一般に知られている以上のことは、得ることができなかったのである。けれども、教授がいかにあるべきかについて書かれたものがほとんどなかったという発見によって、私はこれについて考え始め、数年後に本書を上梓するに至ったのである。

　本書は主に英国の観点から論じているが、教授がどのように知のリーダーシップを提供できるかについて、本書に掲げたアイディアは世界的に通用するものと考えている。大学の内外いずれにおいても、教授のリーダーとしての影響力が失われつつあるというのが、世界的な感覚である。大学における経営管理主義の増大によって、教授に対しては、もはやリーダーシップにとって不可欠な存在ではないという見方が強まり、より多くの出版物を作成し、かつてないほど大きな研究助成金を獲得するようにという圧力が高まっている。そのような背景をふまえて、本書では、教授であることの意味と、大学が研究の強化を超えたところでリーダーとして教授の才能を再び活用する方法について、考え方を示した。

　日本の大学にいる同僚や友人は、日本における教授の役割が、世界の諸地域と同様に急速に変化していることを、私に教えてくれた。私が関心を寄せている、教授であることの意味というものは、倫理的側面を強力な基盤としている。教授であるとは、より高い給料や地位が得られるということ以上の

もので、他者を導き、その才能を育てることに道徳的責務をもつという明確な役割を果たすことなのである。これは、日本において認識されている「よい」教授と「悪い」教授（Poole, 2010）の構成要素に類似しているのではないだろうか。教授の役割について日本語で書かれた文献を私自身は読むことができないが、日本の読者の皆さんに本書との間に有益なつながりを見つけていただければ幸いである。

　最後に、かなりの手間をかけてこの翻訳に取り組んでくれた、齋藤芳子先生と近田政博先生に感謝したい。この仕事に価値を見出し、細心の注意をはらって翻訳を進めてくれたことを光栄に思う。そして、読者の皆さんが、この本に含まれているアイディアのいずれかにでも関心を寄せていただけることを願っている。

2019年10月

ブルース・マクファーレン

序文

　ブルース・マクファーレン氏は、健全な倫理的実践を構成する要素は何かについて、一連の著作物を通じて、学術の世界で数々の輝かしい貢献をしてきた。本書は学者の果たす役割について、彼の入念な考察を発展させ、深めたものである。大学教授という職業の独自性は何であろうか。大学教授の拠りどころは何か、そして世間が大学教授に期待するものは何だろうか。

　「知のリーダーシップ」[という、これらの問いに対するマクファーレン氏の表現]は適切な回答のように思われる。しかし、彼が慎重に論じているように、このリーダーシップは必ずしも肩書きや特別手当を伴っていない。

　現代の学術界の大きな問題は、我々が神聖なものとみなしてきた言葉（たとえば「卓越性」）に対する敬意が失われたことである。他方で、大学だけでなく教授たち個人においても、絶え間ない自己肥大が起きている。ほかのリーダーシップ形態と同様に、知のリーダーシップは自分で習得すべきものであり、他者から強制されるようなものではない。今日の大学が唱える「世界水準」という空疎なスローガンは、自分が「公共の知識人」や「思想的指導者」であるがごとくふるまう強引な自己宣伝と大差ない。

　周知のとおり、偉大な音楽家やスポーツ選手のように、真に「実力を発揮できる」人々は、自らを語る必要がない。まごうことなき第一人者というのは、謙虚さと精神の寛容さを備えているものだ。学術の世界にもこのことが当てはまるような優れた指導者がいる。ただし、学者の世界にはむしろこうした美質を妨げるような業界文化も存在する。たとえば、上位職に就いている学者は、自分のよく知らないことについて話すときに、[その内容を]誇張したがる。このことは、マクファーレン氏もはっきりと認めているし、私自身の学者人生を通じて確信できる「一般法則」なのである。人間は自信を深めるにつれて、自分の専門分野から離れてしまう傾向がある。これまで私が

観察してきたなかで、高等教育機関のリーダーとして、この点について適度なバランスを保ってきた人は稀である。晩年のエリック・アシュビー卿は、専門と専門外の両方の素養を備え、これらを存分に発揮した例外的存在であった。

　知のリーダーシップについて認識し、これを受け容れようとするとき（かく言う私自身も心の準備ができていないのだが）、知のリーダーシップをどこに見出すことができるだろうか。私見を述べるならば、これは学者の世界よりもむしろ、世間に多く存在する。こうした見解には、（私生活を含めた）私の個人的関心が大きく影響しているのだが。

　私が思うに、「実力を発揮できる」人々とは、たとえばアルフレッド・ブレンデルや内田光子のような偉大なピアニスト（自分の芸術表現について考え、その意味について広く掘り下げることのできる人）、そして（社会政治状況の進歩についての生き字引的存在である）ジョン・ル・カレのような大衆小説家、（文化を構造的に観察する能力がジョージ・オーウェルのごとき説得力を有する）［ポップ・シンガーの］スー・トンプソン、（私の専門分野では）リチャード・セネット、クエンティン・スキナー、ブルース・クークリックのような発想豊かな歴史学者をいうのだろう。

　マクファーレン氏による本書の特質は、理論と実証の両方において、大学教授たちの言行不一致、すなわち自己認識と他者の目に映る自分の姿のギャップについて掘り下げたことにある。大学教授の役割を再確認するためには、本書が実践したごとく、抑制の効いた自己検証がまさに必要とされるのである。

2011年7月2日
オックスフォード大学グリーンテンプルトンカレッジにて

デビッド・ワトソン

謝辞

　本書の作成においては多くの方々にお世話になった。最初に、本書のために序文を寄せてくださったデビッド・ワトソン氏に感謝したい。知のリーダーシップという発想に関心を寄せてくれた彼やポール・ブラックモア氏など同僚諸氏の意見は、この数年間にわたって私がこのテーマに取り組むうえで、大いに参考となった。中国の高等教育状況について私にいろいろ教えてくれた Jingjing Zhang（張婧婧）氏、そして学者の追悼記事の分析や校正作業を担当してくれたロイ・チャン氏にも感謝したい。

　本書は私の質問紙調査やインタビュー調査にこころよく協力してくれた多くの大学教授の存在なしには成しえなかった。さらに、私はさまざまな学会やセミナーの場で知のリーダーシップに関する見解を発表する機会に恵まれた。これらの参加者から寄せられたフィードバックは例外なく有益であり、自分の見解について分析を深め、磨きをかけるのに役立った。

　草稿段階で私に貴重なフィードバックを与えてくれ、改善のために多くの有益な提案をしてくれたジョエル・ファングハネル、ジョン・ニクソン、ロジャー・オッテヴィルの各氏にも感謝を記したい。

　本書は、大学教授の職務や活動に関して、私の最近の研究成果を引用している。次の論文を含むいくつかの研究は、英国高等教育リーダーシップ財団から助成を受けている。

Macfarlane, B.（2011）The morphing of academic practice : unbundling and the para-academic, *Higher Education Quarterly*, 65 : 1, pp.59–73.

Macfarlane, B.（2011）Professors as intellectual leaders : formation, identity and role, *Studies in Higher Education*, 36 : 1, pp.57–73.

目　次

日本語版に寄せて　3

序文　5

謝辞　7

第Ⅰ部　知識人とリーダーシップ……………………………………………11

第1章　リーダーシップの危機………………………………………………12
　　意外な見落とし／知のリーダーとは誰のことか／リーダーシップとマネジ
　　メント／揺らぐ信頼／第1章の結び

第2章　印象論を乗り越えて…………………………………………………24
　　矛盾／うぬぼれ／リーダーと知識人／公共の言論の民主化／自由と責務／
　　第2章の結び

第Ⅱ部　事業体としての大学…………………………………………………41

第3章　回避されるリーダーシップ…………………………………………42
　　拡がる格差／学者のリーダーから経営者へ／意図的な回避／経営上の難問
　　／第3章の結び

第4章　大学組織に囲いこまれる研究課題…………………………………59
　　大学の研究テーマ／政治的公正／知的財産の利用強化／組織的目標のため
　　の研修／第4章の結び

第Ⅲ部　自由と責務……………………………………………………………71

第5章　教授になること………………………………………………………72

教授とは誰のことか？／教授に採用されるとき／暗黙の知識／基準と平等に関する課題／第5章の結び

第6章　教授であること ……………………………………………92
悪質な教授／食い違う期待／公的なリーダーとして／ローカル派とコスモポリタン派／大学教員職の分裂／変容するアイデンティティ／第6章の結び

第7章　二つの自由　批評と提唱 ……………………………………111
学問の自由／批評者としての教授／提唱者としての教授／知の越境／第7章の結び

第8章　四つの責務 ……………………………………………………129
学者の責務／模範となる姿／メンターとしての教授／学問の守護者としての教授／後ろ盾としての教授／大使としての教授／遺産の重要性／第8章の結び

第Ⅳ部　リーダーシップへの回帰 …………………………………149

第9章　知のリーダーシップを理解する ……………………………150
二つの要素／四つの方向性／知識生産者／市民性ある学者／知の越境者／公共の知識人／第9章の結び

第10章　道徳的指針を手に入れる ……………………………………169
海外展開というゴールドラッシュ／倫理手順／再結合／第10章の結び

第11章　教授のリーダーシップを取り戻すために …………………182
1．教授を導き、育成する／2．水平的なアカデミック・キャリアも奨励する／3．生産性だけでなく、創造性や独創性についても評価する／4．教授をローカルとしても扱う／5．名誉教授を有効活用する／6．教授が知のリーダーになることに期待を寄せる／第11章の結び

参考文献　197
訳者あとがき　208
固有名詞対訳一覧　211
索引　218

第Ⅰ部

知識人とリーダーシップ

第1章

リーダーシップの危機

意外な見落とし

　知識人（intellectual）について論じた書籍や論文は枚挙に暇がない。リーダーシップについて論じた文献もあまた存在する。しかし管見の限りでは、両者を有機的に結びつけて把握しようとする試みはほとんど存在しない。知のリーダーシップ（intellectual leadership）という言葉は耳に美しく響くが、これが実際に何を意味するのかという点に関しては、問題提起や主張が十分になされてきたとは言いがたい。とすれば、知のリーダーシップとはいったい何であろうか。本書はこの問いに答えようとするものである。そして、大学で上位にある教員が知のリーダーとしていかなる役割を担うべきなのかという点についても論じる。

　この主題に取り組むにあたり、筆者の研究関心は大学教授の役割に惹きつけられて、そのいくつかはすでに発表されている（Macfarlane, 2011a）。「大学教授」は学者のすべてを指しているわけではない。本書では大学教授という言葉を、大学その他の高等教育機関において専任教授の肩書を有する人、あるいは講座や研究室を任されている人に限定して用いる。基本的に、彼らは、公的にも、またそうでない場面においても、大学教員のなかでほかの教員を導く立場の上位職である。こうした役割は暗黙のうちに期待されており、

教授の雇用契約書に具体的に明記されるようなものではない。

　高等教育学の分野において、教授職や知のリーダーシップについて論じた文献がほとんど存在しないのは不思議である。筆者がたまたま見落としたわけではない。ほかの研究者も指摘しているように、どういうわけか、大学経営の学術的研究から教授職は見落とされてきた。教授の職務に関するリーダーシップ養成理論というものは存在しない（Rayner *et al.*, 2010, p.618）。こうした背景から、本書では知のリーダーシップという概念を取り上げ、教授の役割をより深く理解することにつなげたい。

知のリーダーとは誰のことか

　知のリーダーであると自任する職業は大学教授に限らない。教授という称号は単なる肩書にすぎない。たしかに、世界の高等教育がますます競争的かつ個人主義的になる状況下で、教授職は大学教員の職階の一つでしかない。すなわち、地位や威信が約束されるだけで、より大きな責任を伴う職位ではないとみなされている。むろん、大学で指導的な役割を果たすのは教授職だけではなく、ほかにも影響力をもちうるポストがある。しかし、いかなる理由をもってしても、教授以外の人が講座主任にまで昇進した例はないだろう。さらにいえば、昨今ますます過小評価されているとおり、大学教員は現代社会において文化を創りだす集団の一つにすぎない。知的な影響力をもつ職業としては、ジャーナリスト、法律家、政府顧問、マスメディアの解説者などもある。このほかにも、批判的かつ独立した立場を築き、世相を分析し、口頭で、あるいは活字を通してこれを伝える人なら誰でも、知的な影響力をもっている。2005年（そして再び2008年に）、フォーリン・ポリシー誌がプロスペクト誌と共同で、世界最高の知識人を100人選ぶ特集を組んだことがある（*Prospect*, 2005）。この特集では知識人のことを、専門分野において傑出した能力を備えていることに加えて、専門外の人とも意思疎通をおこない、議論に影響を与えることができる人であると定義している。リストに挙げられた顔ぶれの多くは学者ではなく、宗教的指導者、政治家、ジャーナリストなどであった。それでも圧倒的大多数は、現在もしくはかつて、大学と何らかの

関係がある人によって占められたのである。

　知識人という単語は特殊な意味で使われることもあるが、一般には幅広い意味で用いられる。知識人は社会の多様な層から構成され、必ずしも高級官僚や伝統的な大学教員の資格を意味するものではない。実際に、多くの作家やジャーナリストたちは、現代の学者に関して、細分化された専門分野ごとにますます縦割りとなって、専門主義化の圧力に押し流されがちであり、知識人としての姿勢を有していないと批判してきた。インターネットの発達により、ブログ、ポッドキャスト、ソーシャルネットワークなどの手段を通して、誰もが特定の話題についての権威となり、支持者を獲得しうるようになった。社会に影響を与える機会がすべての人にあるわけではないが、以前よりもずっと多くの人が発言の場を獲得している。そうした意味では、インターネットは民主化をもたらすコミュニケーション手段だといえる。学者のなかでも機敏な人は、技術の進歩によって、自分たちの考えを受け止めてくれる聴衆が多様化し、かつ増加しているということに気づいている。

　このように、公共的な議論の場は増えているのだが、それでも大学は多くの知識人を生み出す期待を今なお抱かせてくれる場であり続けている（Roberts, 2007）。たとえば、ピエール・ブルデュー、ジャーメイン・グリア、ノーム・チョムスキーらは、知識人として社会で広く名声を得る前は、いずれも大学でキャリアを積んでいた。さらに、教授という肩書で絞り込めば、少なくとも卓越した学術的評価を得ている学者を選び出すことは可能である。大学内でも社会全般においても、教授は大学教員のなかの上位職として、歴史上で大きな影響を及ぼしてきた。こうした理由から、筆者が大学教授という集団に関心を絞るのは適当であると思われる。現代の大学教授が果たすべき役割とは何であろうか。教授たちの活動や貢献をどのように調べれば、知のリーダーシップの意味についてより深く理解することができるだろうか。いかにすれば、知のリーダーシップの重要性を再び主張し、構築し直すことができるだろうか。これらの問いに答えること、および知のリーダーシップの意味に関する課題を探求することが本書の中心である。

　知のリーダーシップは、書籍、論文、演説などにおいてよく用いられてきた表現であるが、驚くべきことに、その意味について十分に説明した人はほとんどいない。もちろん、この語句はよい意味で用いられているのだが、お

まじないや万歳を唱えるのと大差ないレベルで使われることがあまりに多い。さらに悪いことに、知のリーダーシップという表現は、議論の「格調」を高めるための手段として、あるいは「教養の高い」集団であることをアピールする手段として、やや仰々しく、恩着せがましい意味で用いられることがある。この点は、19世紀の詩人で文明批評家でもあったマシュー・アーノルドのエリート主義的な教養精神を想起させる（Arnold, 1869）。

　知のリーダーシップの意味を高等教育との関係において定義する試みは、ほとんど例がない。たとえば、パトリック・コンロイの著書 Intellectual Leadership in Education は、学者のリーダーシップの探究というよりも、西洋の知的伝統の歴史を紹介するものである（Conroy, 2000）。最近の事例で筆者の研究関心に近いものとしては、教育学部長の職務に関する研究がある（Wepner et al., 2008）。この研究は、知的、情緒的、社会的、道徳的という四種類の特性からなるリーダーシップの概念モデルを提唱した。この四つのうち、この研究の対象である教育学部長たちが最も頻繁に用いたのは知的という概念である。この研究では、知的であることの特徴として、次のような主題を挙げている。曖昧さを受け容れること、現実を複合的で矛盾をはらむものとして認識できること、一人ひとりの個性を認めること、問題を突きとめること、意思決定をすること、情報を探求すること、などである。

　知のリーダーシップの特性や特質に関するこれらの主題は確実なものではなく、筆者が教養ある不確実性（educated uncertainty）と考えるものを表現している。曖昧さを許容するためには、現実は競合的かつ複雑なものだということを理解する能力が必要である。これらの主題には「意思決定」に関する事柄も含まれているが、特に重視されているのは概念化する能力と共感する能力である。別の表現をすれば、こうした能力は「偉大なる指導者」のマッチョなイメージからはほど遠いということになる。注目すべきは、これらのうちには単純明快なものや、人に教えられるスキルはほとんどないということである。リーダーに予算編成や人事採用手続きのような管理的・技術的なスキルを教えることは可能だが、管理職に指導力を教えることはできないという、巷でよく言われる主張そのものである。ここから言えることは、リーダーというものは「つくられるもの」ではなく、「生まれるもの」だということだ。前述のリストは知のリーダーシップを説明するうえで役立つが、筆

者が関心を寄せるところの、大学という文脈のリーダーシップに特化した主張をしているわけではない。むしろ、このリストが示した特質は、実業家や政治家に共通してみられるかもしれない。筆者のねらいは、ほかならぬ大学組織の文脈において、より適した知のリーダーシップの本質について明らかにすることである。

　知のリーダーシップは、教養ある個人が習得し、遂行できる一連の職務よりも明らかに大きな概念である。同時に、人々が新しいスキルを習得することによって、よりよいリーダーになりうるという考えも排除しない。誰かがその高い知性、さらにはその学術的成果によって知のリーダーになるための資格を満たしたとしても、それだけで十分とはいえない。リーダーシップには他者に対する援護や配慮も必要となるのである。学者の責務に関する気質やスキルは知のリーダーにも求められることを、第8章で説明する。

リーダーシップとマネジメント

　本書では扱わない点についても述べておきたい。本書は一般的に用いられる意味でのマネジメントに関するものではない。つまり、マネジメントという単語は、多くの場合、「公的な」役割に結びつけて語られる傾向にあり、その役割を担う人は経営者と呼ばれることが多く、その役割期待に伴う責任を詳細に記した職務内容記述書（job description）が定められている。高等教育分野におけるリーダーシップ研究の主流は、この役割に関するものである（Middlehurst, 2008）。実際には、高等教育現場におけるアカデミック・リーダーシップはかなり「分散」している（Bolden *et al.*, 2008）。言い換えれば、リーダーシップは大学の至る所に存在し、その多くは対人的で、暗黙的で、ごく自然に存在している。大学の学長になるとはどういうことかを紹介した本は書棚を埋め尽くすほどあり、学科長に関する文献（Knight and Trowler, 2001など）、学部長に関する文献（Bright and Richards, 2001；Harman, 2002など）も増えつつある。しかし、教授職その他の大学教員が果たす「非公式の」リーダーシップについてはほとんど先行研究がない。ここがいわゆる切所なのである。

　では、この点に関する研究にどこから着手すればよいだろうか。リーダーシップに関する文献ですら、知のリーダーシップについて具体的に触れたものはほとんどない。諸概念を集めた百科事典でも扱われることはめったにない（Marturano and Gosling, 2007など）。しかし、知のリーダーシップと変革型リーダーシップ（transformational leadership）の概念には何らかの関係が存在しうる。後者の概念には、カリスマ、他者を鼓舞する強い力、他者に知的な刺激を与えること、個人に関心を向けること、あるいは業界用語で言うところの「個別的配慮（individualized consideration）」など、多くの特質が含まれる（Burns, 1978；Yukl, 2002）。これらは、共通のビジョンを設定する、段階をふんで挑戦する、人々を活動できるようにする、模範となる、奨励する、と要約されている（Kouzes and Posner, 1993）。これらは人々が知のリーダーに期待するものであり、大学教授にも求めたい点である。さらに、知のリーダーシップは道徳的な影響力や権威を有すると思われる人にも必要とされるだろう。

　変革型リーダーシップは、これよりも地味な交流型リーダーシップ（transactional leadership）と対比されるのが常である。交流型リーダーシップの権威は、フォロワーが組織の上下関係を受容するかどうか、賞罰をどのように組み合わせるかによって決まる。交流型リーダーシップは主として自己の利益に基づく経済的取引であるのに対し、変革型リーダーシップは利益の相互関係を表している。別の表現をするなら、変革型リーダーシップはアメとムチ、すなわち賞罰を与えるという以上の意味を含んでいる。変革型のリーダーになるには、他者を鼓舞し、何らかの変化をもたらす能力が必要である。同様に、学問の専門分野において指導的立場にある学者には、世界のなりたちを理解する方法についてパラダイムの変容をもたらすことが期待されている（McGee Banks, 1995）。そうした意味では、おそらく変革型リーダーシップは知のリーダーシップに最も近い存在であり、リーダーとしての教授の役割を考える際に変革型リーダーシップの考え方を適用することは理にかなっていると思われる（Hogg, 2007）。

　学究生活という文脈においてリーダーシップがどのような意味をもっているかをさらに探求するには、マーチン・トロウが提唱した、象徴的、政治的、経営的、学術的という四つの次元を参照するのが有効である（Trow, 2010a）。

この四つの次元ではリーダーを大学の学長と限定しているが、それにもかかわらず、これらは高等教育の現場において指導的立場にある人があまねく有する多様な要素を理解する手段を提供している。象徴的リーダーシップ（symbolic leadership）とは、リーダーが特定の組織や運動、プロジェクトの象徴となるあり方である。この場合、リーダーは日常的なリーダーシップ業務をこなす必要はないが、その人格や名声によってリーダーシップが具現化されている。たとえば、アウンサンスーチーはミャンマーの反体制運動の象徴として国際的に著名であるが、彼女は長年にわたって軍事政権によって自宅軟禁されていた。彼女は軟禁中に、ノーベル平和賞など数多くの国際的な栄典や賞を授与された。このうちノーベル平和賞はおそらく国際的に最も著名な栄誉である。受賞によって知名度が高まったことにより、象徴的リーダーとしての彼女の存在は飛躍的に高まった。2010年に中国の人権運動家である劉暁波（Liú Xiaŏbō）にノーベル平和賞が授与されたが、彼はその前年に懲役11年の判決を下されていた。大学が象徴的なリーダーを戴くことはよくあることであり、その場合のリーダーは主として儀礼的な役割を務め、そのイメージや名声には市場価値がある。たとえば、英国の大学における名誉学長（chancellor）はこうした役割を担っている。

　トロウは政治的リーダーシップ（political leadership）について、大学の内外における多様な関係者からの相反する複数の要求や圧力に対応する能力であると定義した。このためには、機転、説得力、駆け引きのスキルによって多様な利害関係者を満足させることが必要であり、同時に効果的な意思決定をする能力も求められる。他方、経営的リーダーシップ（managerial leadership）には、会計や予算にかかわるスキル、人的・物的資源を効率的に管理すること、将来計画を立案することなどが含まれる。最終的には、大学の経営には、教育・研究分野で才能ある個人を見つけて採用し、適切な支援を与える能力も必要となる。第3章で述べる新しい経営管理主義（new managerialism）の考え方は、大学教員を犠牲にして経営陣のリーダーシップを重視する傾向にある。筆者はリーダーとしての教授の役割を再評価することによって、こうした風潮を見直すことの重要性を主張したい。

　アカデミック・リーダーシップ（あるいはアカデミック・マネジメント）という言葉には、大学人に対するリーダーシップという意味か、それとも大

学人によるリーダーシップという意味なのか、という問題がある。もちろん、この言葉には両者の意味が含まれるだろうが、大学人は自らを管理・指揮しているのか、それとも経営の専門家によって指揮されているのか、という曖昧さが存在することは珍しくない。筆者が知のリーダーシップについて言及する際は、大学教員のなかの上位職である教授が、主に非公式に果たす指導的役割のあり方に議論を限定したい。ここで使う非公式という言葉には、教授は学部長や副学長のような肩書をもたないリーダーであるという意味を込めている。それにもかかわらず、教授による非公式のリーダーシップは、リーダーシップの中核となる重要な論点を提供し、リーダーの行動を形成している。

　リーダーとしての教授の役割をより理解するための知見を提供したいという筆者のねらいは、この主題に関する先行研究が不足していることに応じるものでもある。本書で扱うもう一つの論点は、上位の大学教員は指導力を発揮し、リーダーとして「泥にまみれる」責任があり、素知らぬ態度ではいられないということである。知識人はリーダーシップをとる責任に手を染めるべきではないという考えは、ある種のうぬぼれであり、見直されるべきだろう。これから論じる知のリーダーシップとは、自由と同時に責務のことでもある。ただし、知識人だけにリーダーシップを担う責務があるわけではない。信頼や権威のないリーダーには誰も従わない（尊敬もされない）ということを、大学が認識することも重要である。言い換えれば、大学におけるリーダーシップが成功するかどうかは、リーダーがどんな経営スキルやその他の能力を提供できるかという点だけでなく、当人がいかなる人物かという点にも大きく左右されるだろう。何よりも、学術的成果の点で大学人および知識人の間で高い評価を得ていなければ、大学教員はそうしたリーダーに従おうとはしないし、たとえ正式に任命されたリーダーであっても、その権威に敬意を払おうとはしないだろう。

　研究重点型大学における優れたリーダーには、事務職員よりも学者が多いという指摘がある（Goodall, 2009）。この分析結果によれば、大学の成果が高まるのは、学内で最良の学者が大学経営の任に当たるときだということになる。このことは、自分が最も関心を抱いていることを最優先するという人間の本性に起因するだろう。大学教員にとって、最も重要なのは研究である。

ゆえに、大学のトップに研究者をすえるということは、大学教員が大学の研究成果を重視していることの表れである。この点において、エリート大学はほかの大学と差別化を図っている。法律家や医師などの専門職は、同業者のなかからリーダーを選ぶのが通例である。大学教員にはこれらの専門職と異なる点があるのだろうか。

揺らぐ信頼

　専門職によるリーダーシップという考え方そのものが、いくつかの点で危機に陥っている。今日では公的サービスに従事している専門職集団のなかからリーダーを選ぶという考え方は信頼を失っている。そのかわり最近の各国政府は、保健サービスや医師の診療、大学などにおけるリーダーシップ上の責任は、同業者集団から切り離して経営の専門家に任せる必要があるという考え方をとるようだ。しかし、こうした考えは何をもたらすであろうか。結果として、経営の役割は専門職化し、組織のなかで中核となる役割を果たしている医師や警察官や学校教員や学者から経営陣を分離した結果、組織の構成員が経営者に敬意を払わなくなってしまった。このことは、最良の学者がリーダーシップや経営的役割を担う際の障害になっている。同僚からほとんど尊敬されないような役割を誰が引き受けたいと思うだろうか。これは誇張ではなく、リーダーシップの危機と呼ぶべきである。

　高等教育における知のリーダーとは何かを調べるために、筆者は数多くの一次資料および二次資料を用いた。本書の一部には、英国高等教育リーダーシップ財団が2008年と2009年に助成したプロジェクトの研究成果を活用している。このプロジェクトではさまざまな学問分野の大学教授に対するインタビューを実施している。また、本書では英国を中心とする大学教授233人を対象に、自身の教授もしくはリーダーとしての役割に関する自己認識を語ってもらうという大規模な調査をおこなっている。第9章では、著名な学者の追悼記事一覧を活用した。これは影響力のある学者を幅広く参照することにより、知のリーダーシップの概念を明らかにするためである。

第1章の結び

　筆者は以下のような理由から、知のリーダーシップが意味するところを再評価すべき重要な局面にあると考えている。第一に、知を伝達し、保存し、創造する存在としての、社会における大学の役割は困難を増している。インターネット検索エンジンの Google が、知の伝達者としては大学よりも強力な存在になっていることは間違いない。しかし、このことによって大学が知の生産者としての重要な役割を失ったわけではない。むしろこの事実は、大学が知的事業体としての創造性と批評能力を高めることに力を注ぎ直す必要があるということを示唆している。第二に、大学のリーダーシップとマネジメントは、ほぼ例外なく、学科長、学部長、副学長、学長といった公的な管理職の役割や責任と同じものとして扱われてきた。この特質は、リーダーシップを非公式で分散的なものとして位置づける今日の研究からすると、時代遅れのように映る。最後に、高等教育への就学が世界的な規模で拡大するにつれて、大学教員も相応に増加しているという点である。新しい大学が誕生するとともに、古くからある大学も拡大している。

　こうした状況において、大学教授職の数も増加している。英国では1万7,000人以上が教授職に就いている（HESA, 2009）。大学教員における上階の職位として、教授が果たすべき役割は何であろうか。大学は教授にどのような期待をしているのか、教授は自分の役割をどのように考えているのか。大学は教授の役割についての理解を深めながら、どのようにして教授の専門性をより活用できるだろうか。

　本書の第Ⅰ部では、「回避」していると思われる現代の大学教授職の状況について、筆者なりに概観してみたい。ここでは、伝統的形態の大学教員や知のリーダーシップが、いかにして経営的な文化にとって代わられようとしているかを検証したい。このことは大学教員の生活が変化していることにも関連している。研究者としての個人の業績が今日の教授の役割を規定しており、組織内外におけるサービスやリーダーシップなどへの幅広い貢献についてはあまり評価されなくなっている。

　第Ⅱ部では、知のリーダーシップがいかに弱体化されつつあるかを、個人のレベル、および大学が研究課題を集約しようとしているという組織レベルの双方から論じたい。第Ⅲ部は、リーダーとしての教授の役割についての筆者による実証的研究に基づく内容となっている。ここでは、教授になるプロセスを検討し、教授が自己の役割をどう認識しているかについて論じる。筆者は「教授になること」と、「教授であること」には大きな違いが存在すると考えており、その違いについてここで言及したい。さらに、知のリーダーシップの核心となる二つの自由、すなわち批評者であることと提唱者であることの意味を明らかにしたい。加えて、知のリーダーシップの四つの責務、すなわちメンター、学問の守護者、人的ネットワークを構築して資源を他者に提供する後ろ盾、対外的に自大学や専門分野を代表する大使、としての意味についても詳しく説明する。

　第Ⅳ部では知のリーダーシップを取り戻す方法について提案する。個人レベルでは、大学教員の追悼記事を活用しながら、大学教授のもちうる四つの特性を使った知のリーダーシップのモデルを第9章で提示したい。組織レベルでは、これまで大学が果たしてきた批判的良心という歴史的な役割を肯定し、道徳的指針を用いることにより、大学は今後も知のリーダーシップに貢献する姿勢を打ち出すべきであると主張する。大学とこれ以外の高等教育機関との関係が国際的な規模で発展する状況では、このことはいっそう重要であるということを第10章で述べる。第11章では、教授職が知のリーダーシップを果たし、その能力を伸ばすにはどうすればよいかについて、大学執行部に対して一連の提案をおこなう。

　本書の主張をまとめると次のとおりである。

・教授は、学問の自由という特権と学者としての責務を、両立しなければならない
・高等教育における知のリーダーシップは、知識生産者、市民性ある学者、知の越境者、公共の知識人、という四つの主要な方向性から理解することができる
・知のリーダーシップを提供するうえで、大学は、社会の批判的良心としての自らの価値を思い出し、これを高める努力をすべきである

・大学は、教授の役割および教授に期待する内容についてより明確に（再）定義する必要がある。そして、教授の組織人としての役割と、組織を超えたところで果たす役割を、両方とも活用すべきである

　本書が提示した内容が、大学教員の役割と大学の管理経営を切り分けるような偏狭な議論を乗り越えて、高等教育における知のリーダーとしての教授の役割を再評価するうえで一石を投じることになれば幸いである。例に漏れず、この単純な二分法は本質的に誤っており、これでは大学教授の微妙な立場が有する複雑性を把握することはできない。知のリーダーシップは大学の存在意義の核心を突くものである。本書では、知のリーダーシップの意味を探求するとともに、これを回復する方法についても検討したい。

第2章

印象論を乗り越えて

　「知のリーダーシップ（intellectual leadership）」とは力強い言葉である。知
的な思索をすることや学識をもつことと、リーダーであることとを両立させ
たものであり、思慮深さと権威を表現している。それは、民主的な政府や、
汚れなき美しさのような、理想的な姿である。マハトマ・ガンジー、マーティ
ン・ルーサー・キング、エイブラハム・リンカーン、ネルソン・マンデラ、
エメリン・パンクハーストをはじめ、多くの偉大な社会的・政治的人物が、
知のリーダーであると広くみなされている。彼らには、カリスマ性と強い精
神力に加え、心に強く抱いた信条に基づいて社会を変えたいという熱望と理
念があった。彼らはみな、理念と理想に燃えており、さらに決定的なことに、
他人の気持ちを鼓舞し、導き、最終的には変化させたり、新たな気持ちにさ
せたりすることができた。彼らのリーダーシップは、強制や「力ずく」によ
るものではなく、権威と道徳的説得力に満ちたものであった。知のリーダー
は、恐怖によってではなく、精神的に鼓舞することにより、他人を動かした
のである。
　文学界の人物もまた、小説を通して、社会的・政治的問題への関心を高め
てきた。たとえば、英国の小説家チャールズ・ディケンズは、著書『オリバー・
ツイスト（*Oliver Twist*）』などを通じて、ビクトリア朝社会の不公正さを明
らかにした。ジョージ・オーウェルの著した風刺小説の傑作『動物農場（*Ani-*

mal Farm)』は、スターリン政権下の退廃した共産主義をふまえたものである。ほかにも、今日それほど有名ではないが、生存中に政治的変化をもたらすような影響を及ぼした人物がいる。たとえば、キャロライン・ノートンは19世紀に女性の権利向上を訴える行動を起こしており、『ザ・ワイフ（*The Wife*)』という風刺小説も書いている。ときには、音楽家が人を鼓舞することもある。アルゼンチンのフォークシンガー、ファクンド・カブラルのつくった歌詞は、1970年代、南米の軍事独裁政権に反対する勢力を奮い立たせた。文学界や音楽界以外にも、アニータ・ロディックなど、実業界のリーダーとして知のリーダーシップを果たしたといえる人物がいる。ロディックは、環境保護や社会的正義に対する情熱をビジネスモデルに取りこんで成功できることを示した。社会的責任（social responsibility）という旗印の下で偉業を成し遂げたのは、バングラデシュの経済学者で、小規模金融の創始者として知られるムハマド・ユヌスである。ユヌスのグラミン銀行は、人々を貧困から救いだす手段として、貧しい起業家に比較的少額の貸し付けを行っている。

　このように、知のリーダーシップを発揮する人は、政治、宗教、芸術、実業、通商など、さまざまな分野における営みのうちに存在している。そのような人々は、大学内と同じくらい、大学外にも多く存在する。本章では、大学教員がいかにすればこの広範な状況に適応できるかについて考察する。また、「知識人（intellectual）」という言葉の起源、前提、および多義性について検討し、知のリーダーシップの定義を考察する。

矛盾

　知のリーダーシップとは、厄介な言葉で［も］ある。名辞矛盾だと考える人もいるだろう。知識人であることと有能なリーダーであることは相容れないというのが、一般的な印象である。私たちみなになじみがあるのは、［以下のような］知識人に対する戯画的イメージ（caricature）である。知識人はとても知的能力が高いが、多くは自分の思考にあまりにも没頭するために変わり者に映り、世俗的な部分をうまく扱うことができない。このように「浮世離れ」していることから、知識人は自分に没頭している人、ときには利己

的な人にさえ思える。知識人は利口かもしれないが、悪くいえば、世間知らずである。知識人は複雑な概念は扱えるが、生活上の単純なことは扱えない。米国の政治家、スピロ・アグニューの言によれば、知識人は自転車の停め方を知らないのである。優れたリーダーに人々が期待するであろう、あらゆる特質、たとえば、てきぱきと仕事をする、信頼できる、他人に対して責任感があるといったものが、知識人にはない。創造的で自由な思考の持ち主である知識人は、個人主義であるのが当然であって、集団活動において任を果たすことを期待できない。知識人を一人きりにして、彼らの得意なこと、つまり、優れた思考や新しいアイディアの創出をさせることが最良である。知識人は迎合することよりも、因習を打破することを好む。現実的な責任を担わせるには、あまりにも独立している。知識人に何らかの責任を担わせると、面倒を招くだろう。知識人は、知能に秀でる一方で、厄介者で、無責任な一匹狼でもあるのだ。

　2010年に96歳で亡くなった英国の政治家、マイケル・フットは、知識人がすなわち有能なリーダーではないことの典型例といってよいだろう。フットは、労働党の政治家としてよく知られている。彼は長年、英国下院議員を務め、のちに閣僚になり、1980年代初めの三年間は、野党の党首を務めた。フットは熱心な社会主義者であったが、政治ジャーナリストとしても活躍し、政治について多くの本や記事を書いた。そのなかには、彼にとってのヒーローであり、労働党の仲間でもあったアナイリン・ベヴァンの伝記もある。フットが労働党の党首になったのは現役時代のかなり後年であったが、当時は保守党が優勢であった。彼が党首を務めていた1983年に総選挙に突入し、そのときのきわめて急進的な党の政治マニフェストには、一方的核軍縮や、英国議会の世襲制上院である貴族院の廃止が盛りこまれていた。このマニフェストについて、フット率いる労働党の同僚議員、ジェラルド・カウフマンは、「史上最長の遺書(the longest suicide note in history)」と辛辣に表現した(Kavanagh, 2000, p.4)。この選挙で、労働党は歴史的な大敗北を喫した。フットは熱血漢で、ときには愉快な話し手であったが、言葉巧みに立ちまわるテレビ政治という新しい時代にはそぐわなかった。戦没者追悼記念日の式典のために彼が選んだあまりフォーマルとはいえない外套は、マスコミ受けする外見にこだわりたくないという彼の意思の表れとして、語り草になっている。

　フットはまた、どんなリーダーにも必要とされる幸運にも恵まれなかった。党首に就任するなり深刻な内部分裂が起こり、四人の経験豊かな党員が新党を設立したところ、その党がたちまち大衆からの大きな支持を獲得したのである。その後、1982年にフォークランド紛争で英国がアルゼンチンに勝利すると、与党である保守党政府の人気が高まった。そして、1983年の総選挙でフットは敗北した。フットは多くの人に尊敬された「強い信念の(conviction)」政治家ではあったが、リーダーシップにおいて成功した人物とはみなされていない。しかし、政治家を退いてのちも長く核軍縮運動を続けた、急進的知識人であった。

　フットの例は、知のリーダーシップが矛盾をはらむ言葉であるという一般的印象に見合うものの、必ずしもすべての知識人が優れた政治的リーダーになるわけでもなければ、運だけで政治的リーダーになれるわけでもない、ということを示しているにすぎない。フットは、急進的社会主義というアイディアにおいてリーダーシップを発揮し、社会運動をおこなう左翼政治家およびジャーナリストとしては最も成功した人物であったといえよう。彼は、社会主義の議論と分析への貢献という点において、影響力のある知のリーダーであった。フットが党派を越えて尊敬を集めえたのは、政治的便宜のために信念を曲げるような人物ではないと思われていたからである。

　フットの学歴と知的な実績がずば抜けていた一方で、奇妙なことに、知的実績が何も「ない」ことを賛辞された政治的リーダーもいた。知的実績がないことは、ときに、民衆が直面する問題をよりよく理解できるとみなされる。元米国大統領、ジョージ・W・ブッシュは、華やかな実績がないことで受け容れられた (Mead, 2010)。一方、高学歴をもつバラク・オバマには、正反対の見方がなされた。批評家たちは、「頭でっかち」の知識人は政治家に向かないのではないかという懸念を示した (Mead における引用, 2010)。同様の逆俗物根性 (the [same] inverted snobbery) は、実業界や起業界の人々にもみられる。厳しい実業界で生きるための優れた教育は、いわゆる「人生という名の大学」で学ぶことであるというものである。しかし、このような大衆イメージにもかかわらず、知識人のなかには、トーマス・ジェファーソンのように成功を収めたといえる政治的リーダーや、教養あるビジネスリーダーの実例がある。知のリーダーシップは、常識には反するかもしれないが、必

ずしも形容矛盾とはいえない。

うぬぼれ

　知識人に向けられる非難には、知識人は単に自己中心的な人物であるというものもある。「知識人」であるという主張、あるいは、なりたいという熱望は、それ自体が否定的にとらえられることがある。つまり、自分は他人より精神的に優れていることをほのめかし、偉ぶっていると映る。こうして、知識人はお高くとまっているという見方が生まれる。[いわく]知識人は、自分がほかの誰よりも優れていると考え、自意識過剰で他人と距離を置きたいと思っている。冷たく、近寄りがたく、よそよそしく、自分が誹謗中傷のターゲットになるように自ら仕向けている[という具合である]。1960年代から70年代の中国の文化大革命においては、いわゆる「階級の平準化（class levelling)」、つまり、知識人、労働者、小作農の間の階級差をなくすことが目的の一つであった。

　知識人は、おおよそ面白みに欠ける人物であり、自分のことを真剣にとらえすぎるという欠点をもつともいわれる。英国文化において、生真面目さはタブーとされる（Fox, 2004)。ジョージ・マイクスはより簡潔に、「イングランドでは、賢さはマナーに反する」（Mikes, 1946, p.36）と述べている。知識人であると主張したり、知のリーダーシップを発揮したりすることは、うぬぼれとみなされうる。ポール・ジョンソンの著書『知識人（*Intellectuals*)』（Johnson, 1988）には、ルソー、マルクス、トルストイ、サルトルなど、政治、文学、哲学において、歴史上、影響を及ぼした人物が描かれている。フランスの哲学者、ジャン＝ジャック・ルソーは、「自分を高く評価する」（p.6）虚栄心の強い人物で、「自分はあまりにも崇高なため、人を憎めない」（p.10）と考えると描写されている。詩人シェリーは「崇高なエゴイスト」（p.36）であり、政治理論家カール・マルクスは「ほんの些細な批判に憤慨した」（p.73)という。また、劇作家ヘンリック・イプセンの個人的信条の核心部は「創造的な利己主義」（p.96）であった。これらはごく一部であって、大きな影響力を及ぼした代表的知識人については、自己中心主義や性格の欠点を示した

多くの資料がある。彼らはみな、きわめて才能ある人物であったが、しばしば慢心や自己愛の強い性格が現れていた。

　前述の知識人に対する戯画的イメージには一片の真実が含まれていようが、知識人とは誰かを考えるにあたっては別の視点もある。知識人のアイデンティティについて本格的に著したものの多くは、知識人を「内部の人間（insider）」ではなく、「外部の人間（outsider）」として描いている（Said, 1994）。知識人は、組織、専門家集団、国民国家の外にいて、ときに無関心ですらある。彼らは自由奔放で、反抗的で、懐疑的な批評家であり、忠実な従業員や弟子ではない。彼らは確立された秩序の外にとどまり、批判的な見方をし続ける。そして、文字どおりにも隠喩的にも、さすらい人であることが多い。知識人の特徴を表す言葉の多くが、このような観点による表現である。ピエール・ブルデュー（Bourdieu, 1989）によると、知識人には二面性がある。知の獲得を自律しておこなう領域に属する人（大学教員や科学者など）であり、かつ、政治的活動のために専門家としての権威や能力を利用することを「本来の知的分野の外で実行する」（p.656）人である。さまざまな点において、知識人は自分たちを、権利を剥奪された者の代弁者であり、社会の主流から追いやられた者の代理人であるとみなしている。第 7 章に述べるように、このような提唱の役割は、知のリーダーのいくつかある特質の一つである。

　このように、知識人とは、たとえ自分の正式な知識基盤の一部ではなくとも、公衆が関心を寄せる話題について行動を起こしたり意見を述べたりせざるを得ないと感じる人である。概していうならば、知識人は、自分の直接の専門分野、たとえば、歴史学者や生物科学者としての専門以外のことについて意見を述べることに関心を抱く。そのため、知識人は「専門家（professional）」ではなく、「アマチュア」とみなされることがある（Said, 1994）。このとき、この［知識人という］言葉は、よい意味で使われている。なぜなら、知識人は、著名な「内部の人間」あるいは「専門家（expert）」の見解をなぞるでもなく、ありきたりな意見を述べるでもないからである。したがって、知識人は、現状や確立された見解に疑問を投げかけることが多くある。

　しかしながら、アマチュアという言葉は、より厳しく、批判的に使われることが多くもある。学究生活についてデビッド・ワトソンが冗談めかして語ったところによれば、人は本来の専門領域から離れるほど大胆になる（Watson, 2009）。この辛辣な見解は、知識人を自認する人についてのよくある批評を明晰に表している。自分の学問分野の知的境界とされるところを越えて挑戦しようとする学者は、あまりにも［物ごとを］単純化しすぎているという批判、あるいは売名行為だという批判を受けるリスクを冒している（Brock, 1996）。しかしそれでも、社会の姿勢に影響を与えようと思う人は、自分が直接に専門とする学問分野を越えて、論争に身を投じることが多い。生物学者として大学教員を務めたリチャード・ドーキンスは、むしろおそらく、無神論者や宗教批評家として知られている（第7章参照）。学者ではない、たとえば有名人のほうが、自身の職業領域を越えて主張を述べやすい。一例を挙げると、映画俳優のリチャード・ギアは、チベットにおける人権についての活動家である。

　このような自分の直接の専門分野を越える貢献は、よりよい社会をつくったり、公民権の剥奪や抑圧を受けている人のために立ち上がったりしていることの現れと考えることができる。しかし、そのような行動は、自己陶酔的で売名行為であるなどと批判されることもある。このような非難は、ノーマン・メイラーなど、1960年代の過激な知識人に向けられたものである（Johnson, 1988）。公衆の論争に貢献しようとすることは大学や研究機関で働く人々の責任であるとみなされる一方で、権力の濫用やイメージを意識した行為であると批判を受ける危険性がある。ポップスターや映画俳優が政治問題について意見を述べて嘲笑されるのと同様である。知識人が公衆に説くことによって［権力やイメージについての］恩恵に与ることは、個人としての謙虚さに欠けるとの懸念に加えて、根本的な危険を伴うとジョンソン（Johnson, 1988）は主張している。ジョンソンは、知識人たちは「社会的操作（social engineering）」の実験に関与し、何百万人もの無実の人々を直接に死に至らしめたと主張する。ジョンソンによれば、知識人のユートピア思想は、人々の安寧よりも自らの理念を優先させるがゆえに、社会への脅威になる。2008年の米国大統領選中にも、同様の興味深い論法がみられた。博士学位のないブッシュ候補のほうが、これをもつオバマ候補よりも、世界にとって危険ではないと吹聴されたのである。

　このような批判にもかかわらず、知識人は、社会的・政治的問題に対する運動とたえず関与してきた。知識人の概念の始まりは、フランスのドレフュ

ス事件までさかのぼるとされる (Drake, 2005)。アルフレド・ドレフュスは、アルザス出身のユダヤ人で、フランス軍の大尉であった。1894年、軍の機密をパリのドイツ大使館に漏らした疑いで、ドレフュスは反逆罪を宣告された。のちに、彼の有罪判決は偽の証拠に基づくものであることが、小説家エミール・ゾラをはじめとする作家や科学者たちによって明らかにされ、ドレフュスの容疑は晴れて、フランス軍に復職が適った。しかし、この事件はフランス社会に大きな影響を及ぼし、世論を「ドレフュス擁護派」とドレフュスを反逆者とみなす「反ドレフュス擁護派」に分断した。その後、フランスを含め、どの地域でも、知識人とは、国家主義、反ユダヤ主義、ファシズム、教会権力に反対し、平和主義、共産主義を推進する人々として知られるようになった。したがって、なかには「右派」とより緊密に結びつく例外もあるものの、主として、知識人には政治的「左派」と結びつく反体制派の傾向がある。知識人は権力の座にある人物というよりも、知識が豊富で自律し、独立した思索家としての権威をもつ人物である。このことは通常、政界から距離を置くことでもたらされる。その代わりに、知識人は、主に人文学、科学、文芸の出身で (Bourdieu, 1989)、「権力者に真実を伝えよう」としている (Said, 1994, p.xiv)。フランスでは今も、知識人が重要な役割を果たしており、ベルナール＝アンリ・レヴィやフィリップ・ソレルスらのように、公衆に向けて批評を述べ、意見を形成するという強い影響力がある。それに比べて英国では、より風刺的で自嘲的なイメージが広まり、その結果、知識人の発言はほとんど聞かれない。

　しかし、現在の知識人の役割は本質的に破綻しており、どんな市場の要求にも応える御都合主義の代弁者程度にしかみなさない人もいる (Gordon, 2010)。拡大するメディアや WWW によって、知識人のアイディアを求める市場が成長し、市場における知識人の囲いこみがなされている (Gordon, 2010)。知識人による仕事には、論文数、学術誌のランク[1]、論文の被引用回数に基づく計量的評価によって商品化されているという面もあることは、第9章に述べるとおりである。学者はいまや、メディアと健全な距離を保とうとするのではなく、むしろメディアに入りこもうと競い合っている。大学にはマー

---

1) インパクトファクターのこと。

ケティング部門や産学連携部門があり、メディアへの寄与を通じて、大学教員の専門知識の売りこみや大学のイメージ向上を推進しようとする。ルイス・P・ゴードンによると、今日の学者のなかには、広告塔の役割を果たしたり、たえず「市場に登場」して自分の学問的才能を売りこんだりする者もいるという。知識自体がいまや市場主導型であり、したがって、知識人は論争を形成したり、教育的機能を果たしたりするよりも、メディアのニーズに応えなければならない。ゴードンの主張は、ジグムント・バウマンの議論（Bauman, 1987）に通じる。バウマンは、ポストモダン社会の知識人は、概念を打ちだす人から、権威の落ちた事象解説者に変わってしまったと、強く主張した人物である。

リーダーと知識人

　種々の面において、知識人の戯画的イメージは、リーダーのそれとははっきりと異なっている。リーダーは、共通の目的に身を捧げ、かつ強力な社会的スキルをもつことを期待されるからである。一方、[知識人を特徴づける]因習打破主義者とは、他人のニーズに応えようとするのではなく、自分の個性を主張する人である。知識人の特徴をリーダーは有しないというのが通念であるが、それでも共通点はある。一般的な想像上のリーダーは、知識人と同じく、強力で、説得力があり、カリスマ性のある人物である。うぬぼれともいえる傲慢さをあからさまにもっていることもあるだろう。英国のサッカー監督、ブライアン・クラフは、英国北部特有のユーモアと傲慢さが入り混じることで有名であった。彼の名言は「私は、実業界の最高の経営者だったとはいわないが、少なくともトップクラスには入っていた」というものである。

　リーダーは知的で有能でなければならない。有能さは文脈に依存するものであり、知性に加えて、優れた判断力や精神力などを必要とする。リーダーには、学術的能力と実務的能力の組み合わせが必要と考えられる。リーダーシップについて考察する一般的な方法の一つが、優れたリーダーを生みだす特質や特徴に着目することである。これには責任感のほか、信頼できる、計

画性や整合性がある、指導力があるなどの、際立った特質がある。リーダーはまた、協力的、社交的、他人の意見や感情に敏感であるなど、対人関係のスキルに優れていなければならないとされる（Stogdill, 1974）。したがって、優れたリーダーは単に賢いだけでなく、高い管理運営能力と、対人スキルまたは社会スキルが必須である、というのが一般的な見方である（Boyatzis, 1982）。これは、言葉でコミュニケーションがとれるだけでなく、他者と向き合うときには、同情、共感、聴く態度など、多様な感情表現を適切に駆使できる能力のことである。そうはいっても、知識人が議論をするのは、議論に勝つためであって、別の考えや行動に耳を傾け、受容するためではないだろう。クラフはかつて、「選手と議論する場合は、まず20分間座って話し合い、それから、私のほうが正しい！　という結論を出す」と述べた。他者を理解するには、時間、忍耐、それに他人への配慮が必要である。そのような無私の社会的特質が、知のリーダーやカリスマ的なリーダーに備わっていることは、稀である。

　典型的な知識人とは、他人に共感し、協力できるような順応性のある人物ではなく、明確で、むしろ確固とした考えをもつ孤高の人物である。優れた対人スキル、共同体に対する責任感、あるいは権力や権威を分かち合う心づもりと、知識人とは、自動的に結びつかない。これは、知識人が自分は正しいと信じていて、他人の考えを考慮する必要はないと考えているためでもある。知識人は、自分の配下すら必要としない場合もあり、組織の内部において正式なリーダーシップをいかなる形態でももちたくないと強く願い、専門職集団や組織の外にいることを好む。各種のグループ、商業的組織、専門職集団が、外部の人間よりも内部の人間のほうがリーダーシップをとれるだろうと考えれば、知識人をリーダーの役割から外す動きが加速する。内部の人間は、それほど有能ではないかもしれないが、より安全な選択肢とみなされる。

　しかし、リーダーシップの一般的概念と知識人の風刺の間には、類似点もある。よくあるのは、英雄的リーダー、あるいはカリスマ的リーダーという見方である。このようなリーダーシップの概念はたいてい、ナポレオン、ウィンストン・チャーチル、マザー・テレサなど、過去の政治、宗教、軍事的リーダーを引き合いにして説明される。「偉大さ」や「カリスマ性」という観点

からリーダーシップを特徴づけるのは、そのような状態が誰にでも獲得しうるものではなく、例外的に優れたものとみなされているからである。カリスマ性や偉大さがあると考えられるのは、ごく少数の者に限られる。そうでなければ、それらの言葉は共鳴しないし、威力ももたない。実のところリーダーシップとは、ほとんどの人には望むべくもなく、他人から認めてもらえることもない、エリートとしての特質なのである。20世紀後半になってようやく、リーダー個人の行動ではなく、プロセスや参加の重要性が理解されるようになり、リーダーシップが本格的な学問的関心の的となって、「偉大な」リーダーという単純な概念を超えることができたのである（Marturano and Gosling, 2008）。

　現代のリーダーシップ理論では、リーダーは、単にトップにいるだけではなく、グループ内のさまざまな人々や、種々の背景や状況のなかにみられるという事実が認識されている。いわゆる、分散型リーダーシップ（distributed leadership）である。リーダーは、組織内外のさまざまなレベルにみることができる。分散型リーダーシップとは、多様な関係者の役割を考慮する包括的な概念である。つまり、人々をリーダーとその配下に分けるのは、あまりにも単純すぎるのではないかということである。多くの人々がリーダー的仕事に携わっていること、リーダー的な影響を及ぼす源が以前の認識よりもはるかに多様であること、専門知識が実際には多くの人々に共有されていて、ごく少数の「偉大な」あるいは「優れた」要職にある人々に限定されているのではないことなどが、認識されている。

　リーダーシップ研究が一般的になるにつれ、最近ようやく、このような理解が大学のリーダーシップに関心を寄せる人の間にも広まってきている。これまでの研究は、学長、副学長や、教育研究部局の直接の責任者である学部長および学科長など、正式に任命された執行部メンバーの役割に焦点があった（Warner and Palfreyman, 2000；Shattock, 2003；Smith, 2008など）。研究の焦点が役職者にあるということは、リーダーとして任命された者だけを大学内のリーダーとみなしているということである。

公共の言論の民主化

　多くの文献が高等教育におけるアカデミック・リーダーシップに焦点を定めているのをよそに、一般的には、公共の言論機会が見直され、民主化されてきた。このような変化が、知識人に対する現代の理解に影響を与えつつある。社会において専門家が特別視されなくなり、社会のすべての人に意見を述べる平等な権利があると考えられるに至っている。現代とは異なり、これまでは、社会的地位の高い人が高い教育に基づいて正統な意見を述べるものとされてきた。たとえば、学者、政治家、宗教的リーダー、ビジネスリーダーらである。公に言説を表明するのは知的エリート層だけに限られていたのである。知識人としての自分の意見を真剣に取り上げ、聞いてもらいたい場合は、書物、新聞、ラジオ局、テレビ局を通じて読者、視聴者に訴えるしかなかった。中流階級の知識人であれば、新聞社や選挙で選ばれた議員らに手紙を書くこともできた。しかし、WWWの出現により、エリートのようなコミュニケーション手段を使わなくても、大勢の人とコミュニケーションできる機会がすべての人に開かれた。個人的なウェブサイト、電話で参加するラジオ番組、ブログ、ウィキペディア、YouTube に代表されるような利用者の多い動画配信サイトを使えば、いまや誰もが、注目度をめぐって対等に張り合うことができる (Cummings, 2005)。知識人のなかには、「世論 (*vox populi*)」における自分たちの権威の失墜を嘆く者もあろうが、多くはこのような傾向をより前向きにとらえている。ジョンソン (Johnson, 1988) は、過激思想の正当化につながる世論や過激派をつくりあげたのは知識人であると主張した。また、知識人にとっては、簡単に堕落する人々、抽象的哲学を追究して犠牲になる命を見て喜んだりするような人々よりも、概念やアイディアのほうが重要であると、強く主張した。そのため、知識人は、権力の及ぶ場から遠ざけられるべき危険な人物となる。「人々の声」が届くようになれば、発信される意見はごくわずかなエリートからのものに偏らなくなる。

　公衆との対話の民主化以外にも、知識人の影響力を弱めた理由がある。複数の書物が公の場における知識人の衰退について嘆いており (Jacoby, 1987;

Furedi, 2004 など）、それらの語り口にはいくつか共通点がある。学術界の専門職化や学問分野の断片化により、より多くの聴衆に関わろうとする学者の減少に至ったという主張である。「象牙の塔の誘惑」（Bourdieu, 1989, p.660）や知識が寸断されて細分野が増加していることで、学者たちは「自分の直接の分野以外のものは見えない」（Said, 1994, p.57）ことを非難されている。大学におけるキャリアや評価システムに効果をもつのは、公衆との関わりではなく、専門分野の研究成果であることが多い。一方、現代の知識人の役割は、文化的傾向についての解説者あるいはコメンテーターであることと認識されており、新しいアイディアを根底から創造することではない（Bauman, 1987）。さらに政治的には、学術分野内で生みだされる、いわゆるモード 1 型知識から、［公共の］問題に基づいて応用の文脈で発展するモード 2 型知識へと、勢力が移行しつつある（Gibbons *et al.*, 1994）。

　世界についての人々の考え方には、大きな転換が生じている。ポストモダニズムとも呼ばれるこの新しい考え方では、普遍的な真実というものはなく、すべての知識は社会的に構成されるものだとされる。構成主義も、ほぼ同義である。ここに、世界は理解するにはあまりにも複雑であり、特定の文化や環境に対する専門的洞察、ましてや実生活の洞察すら伴わない人には、コメントをする資格などないという主張が生まれる。真実は、文脈、つまり、言語、国民性、宗教などの文化をすべて包含するものに依存する。普遍主義は却下され、相対主義が支持されたのである。自然界の普遍的法則や社会学的な統一理論の追究は廃れつつある。ポストモダンによる世界の分析において唯一確かなことは、私たちの知識は個人的および社会的につくられたものであり、西洋の文化帝国主義にほぼ支配されていることである。普遍的実在はもはや知ることができない。米国の哲学者リチャード・ローティは、哲学によって永遠の真実を確立できるという考えに疑問を呈し、ミシェル・フーコーも同じように、認識的相対主義を広めた。フランク・フレディ（Furedi, 2004）が主張したように、「今日では、知る可能性が疑問視されている」（p. 55）。すべてに適用できるたった一つの基準または原則があると主張する普遍主義者は、ポストモダニズムの流れに逆行している。エドワード・サイードは、相対主義（または個別主義）の不寛容さや、競合的価値体系（ユダヤ教とキリスト教、アフリカ中心主義、イスラム教徒、東洋と西洋の真実）が

促進されることについて、激しく非難し、それらは「ほぼ完全な普遍性欠如」
(Said, 1994, p.68) を招くとした。したがって、ポストモダニズムへの移行は、
幅広い知識に基づいて主張を展開するという知識人の従来の役割を壊すこと
になる。

　このような文化の変容は、正式な教育、とくに高等教育を経ることなく偉
大なことを成し遂げた、いわゆる「農場の知識人（farmgate intellectuals）」
(Boshier, 2002)がもてはやされる状況にみることができる。バージン・グルー
プのリチャード・ブランソン、アップル社のスティーブ・ジョブズ、マイク
ロソフト社のビル・ゲイツらは大学を中退しており、個人が専門分野で大き
な成功を収めるのに、知識人の標準的な資格が必要でなかった例とされる。
高等教育が行き渡った世界で、いまだに「人生という名の大学」が賞賛され
ているとは皮肉である。大学教育を受けることは、さまざまな創造的、芸術
的、商業的、および知的追求において秀でるための必要条件ではないことが、
明らかなのである。たとえば、ニュージーランド出身の一流の映画制作者、
舞台役者、工場主のほぼ全員が、ほとんど、もしくはまったく、高等教育を
受けていない (Boshier, 2002)。公共の知識人の在りようは、エリートモデル
から明らかに脱却しつつある。このような民主化が生じたのは、WWW が
機会を提供したことで、人種、性、西洋出身でないといった理由によってこ
れまで権利を剥奪されてきたグループも含めて、さまざまな社会からの代表
者が現れたことの帰結なのである。

自由と責務

　知のリーダーシップという言葉には「居留外国人」や「真の模造品」に近
い印象がある。要するに矛盾する言葉なのである。しかし、知のリーダーシッ
プとは何かについて理解を深めるには、この矛盾を乗り越えなければならな
い。ここで筆者が主張し、そして本書で展開していきたいのは、知識人であ
ることの本質は、思考と表現において「自由」であるということである。大
学では、これを学問の自由（academic freedom）という。つまり、干渉を受
けることなく、考え、実験し、知的リスクを負う余地をもてることである。

個人の意向や関心に基づいて学術的探求に取り組むことのできる裁量である。この自由によって、大学は、批判的良心（critical conscience）とアイディアの源であるという役割を果たすことができ、究極的に社会全体に利益をもたらす。このように考えられているからこそ、学問の自由が保障されるのである。学問の自由の原理は、ヴィルヘルム・フォン・フンボルトの主張と密接に結びついている。批判や研究の能力を縦横に培った大学こそ優れた役目を果たすのだから、国家は大学に干渉すべきでないという主張である。したがって、学問の自由を十分に行使することが、大学における知のリーダーシップの一面である。

　しかし、学問の自由だけでは十分でない。知のリーダーとなるには別の資質も必要である。リーダーであることは、他者に対して「責務（duty）」を果たすことでもある。これには、無私の行動、つまり、他人が必要とすることを考え、自分の行動が与える影響を考慮し、自身の知的関心の追究に費やす時間を手放すことが含まれる。このことは、学術界においてあまり認識されていないものの、同じように重要である。このようなことが理解され尊重されるとき、これをサービス（service）または学者の責務（academic duty）と呼ぶ（Kennedy, 1997；Macfarlane, 2006）。この言葉は虚しくも「管理運営（administration）」や「経営管理（management）」に単純に包括されてしまいがちである。学問の自由と学者の責務の違いは重要である。なぜなら、この二つは異なるスキルや態度を要求するものの、本質的にはコインの裏表だからである（Kennedy, 1997）。一方をもたずに、もう一方をもつことはできない。簡単な例を挙げると、研究する自由は、投稿論文を査読したり助成金申請の審査をしたりする責務があって成立している。もし、すべての人が自分の役割は研究の自由を謳歌することだけだと主張したら、労働の成果を査読したり編集したりする過程を誰が管理するのだろうか。つまり、学問の自由と学者の責務は相互依存なのである。この議論については、本書の第7、8章において、知のリーダーシップのある種の特徴または特色と、学問の自由と学者の責務のバランスの重要性とを結びつけ、さらに掘り下げる。

　大学の文脈において知のリーダーであるためには、学問の自由と学者の責務に伴う気質を巧みに融合する必要がある。概念的または理論的見解を表現する場を楽しむためには、わずかなりとも、努力して他人を支える行動を伴

わなければならない。もちろん、これは必ずしも、自由と責務とが関連して
いないという意味ではない。たとえば、自分の考えに基づく活動を他者に納
得させるときのように、自由と責務とが本質的に同一になる状況というもの
が存在する。説得力を行使するには、自由と責務の両方が必要である。つま
り、表現の自由と、知的説得によって他者を導く責務である。さらに、この
結びつきの重要性は、学術界の外においても理解されるようになっている。
現代では、リーダーシップにおける知識や知恵と、リーダーシップの実践と
の結合がますます重要視されている（Rooney and McKenna, 2009）。知恵はい
まや、自分自身の学びから「競争力」を得ようとする組織にとって、きわめ
て重要であると認識されている（Brown and Starkey, 2000）。リーダーシップ
とは、日々のルーチンとしての「経営管理」以上のものである。リーダー
シップには、環境の持続可能性のような、特定の価値観に基づく目標に向か
うための情熱と献身が必要である。ザ・ボディショップの創始者アニータ・
ロディックは、環境保護主義などの社会的・道徳的理念への献身と経営管理
とを結びつけることが可能であることを示した人物である。

第 2 章の結び

「知のリーダー」という言葉は、共感を呼ぶ一方で、二つの言葉を掛け合
わせることによる緊張も秘めている。皮肉屋であれば、この言葉は形容矛盾
でしかないと主張するかもしれない。知識人は優れたリーダーにはなれない
し、優れたリーダーは必ずしも知識人である必要がないというわけである。
しかし、この皮肉は、リーダーシップの本質を狭くとらえていることによる
ものである。実際のリーダーシップは多様な形態をとりうるし、知識人には、
ある種のリーダーシップを担う素質が十分に備わっていなくとも、別の種類
のリーダーシップの素質なら備わっているものである。

　学問の場において、知識人には、研究者、教師、または経営者としてリー
ダーを務める多くの機会がある。しかし、ここでも、経営管理主義が増大す
るにつれ、リーダーとしての学者の役割に疑問がもたれるようになってきて
いる。大学経営をその専門家が担うことが増えたために、リーダーシップの

知的基盤が弱められている。従来その知的実績によってリーダーシップをとるものとされてきた者、とくに教授は、そのリーダーの役割を縮小されてきたのである。次章では、大学の性質の変化によって、リーダーとしての教授の役割がどのように軽んじられてきたかについて考察する。

第Ⅱ部

事業体としての大学

第3章

回避されるリーダーシップ

　現代の大学は、しんどい職場である。世間一般が思い浮かべるような、社会から隔絶した象牙の塔というイメージとはまるで異なる。「現実の」世界に適応するのが苦手な世間知らずの人にとって、大学は安楽の地ではない。象牙の塔という比喩は、実態とはほど遠い。かつてはそういう部分があったかもしれないが、もはや当てはまらない。大学は、あらゆる面において競争を強いられている。たとえば学生募集、とりわけ、高い学費を支払ってくれる外国人留学生の獲得。そして、研究資金や優秀な教員を獲得すること、政治的影響力を高めること、ビジネスパートナーを見つけること、寄贈や寄附金を増やすこと、広報によって知名度を高めること。そして何にもまして、長期にわたって生き残ること。大学は多額の予算、価値の高い人材と物的資源を抱える複雑な組織であり、より効率的になる方法を絶えず探している。そのうえ大学が競争する場は、地域や国の単位にとどまらず、地球規模となっている。こうした大学の現実は、隠遁的な静修の場というイメージとはかけ離れている。

　世界のあらゆる場所において、公立の大学は、より少ない資産でより多くのことを実施せねばならないという苦悩が増大する渦中にある。これらの大学は、単位コストを切り下げながら、多くの人々もしくは万人に対して高等教育の機会を提供しなければならない。同時に、より広範な社会的使命にも

応えなければならない。どこの国の政府も、大学に対して、学生、親、専門
職団体、納税者、実業界など、多様なステークホルダーの要望に応え、その
社会的・経済的目的を実現することを期待している。大学は万人に受け容れ
られる存在でなければならない。大学の本務たる教育と研究は、入念な調査
と評価を受けている。大学の質は判定され、その結果は、各国の質保証の枠
組みや国際ランキングを通して公開される。複雑な大学の実態が大ざっぱに、
あるいは往々にして狭く解釈され、ときには誤解されることもある一方で、
こうした評価によって大学に対する世間の認識、進学先の決定、政策などが
受ける影響はますます大きくなっている。

　重要なのは、こうした重圧が高等教育だけのものではないことを理解する
ことである。これらの重圧は、公共部門や専門職に対する信用の低下という、
私たちの社会にかかわる大局的なテーマの一例である。医師、ソーシャルワー
カー、警察、公務員などの職業も同様に、絶え間なく成績表をつける過度な
評価・業績制度の影響を受けている（Marquand, 2004）。大学の信用失墜は、
高等教育機関に向けられる社会の期待が変容しつつあることの現れであると
同時に、公共部門に関する社会の一般的動向を反映している。現代の大学は、
社会的公正さと国際競争力の両方を高めることを求められている。二重と
なった社会的・経済的期待の双方に応えるのは容易ではない。

拡がる格差

　大学とは何かという点が不明瞭であることに、今日の大学は悩まされてい
る。かつては、公立大学と私立大学の間には明確な区別があった。たとえば
20世紀初頭から、英国の大学は、政府からの直接的な交付金にほぼ支えられ
てきた。20世紀後半になると、国は以前よりも「細かく口出しする」ステー
クホルダーになった。それでも、大学は私的な利益のためというよりも、公
共の利益のために存在する慈善的な機関であり続けた。しかし、今日では私
立大学と公立大学の境界は曖昧になっている。投資に見合った価値を求める
政府は、私立大学が多くの公的資金を利用できるように方針転換した。それ
と同時に、公立大学は民間からより多くの収入を得ることを奨励されるよう

になった。その手段は、知的財産の運用、より多くの外国人留学生の受け入れ、海外キャンパスの設立、研究・教育機能に関連する新規事業などである。大学とは公的機関なのか民間機関なのかという質問は奇妙に映るだろう。果たして、答えはその両方である。この答えは、大学がその歴史に伴う伝統と実践を維持しながら、同時にさまざまなステークホルダーを満足させなければならないという苦悩を象徴している。

　このような苦悩に対処するため、大学は自身の運営方法を根本的に変えた。意思決定において学者間の合意とルールに従うという同僚制の文化は、1990年代以降、増大する専門スタッフによって支えられる管理経営的な文化にとって代わられた。これらの大学の学長は、自分たちを「同輩中の代表者（*primus inter pares*）」というよりも、大組織の最高責任者であると自己定義するようになった。学長たちは組織の効率性の最大化に努め、学術的成果の監視と測定をおこない、自大学のイメージを市場に売り込もうとする。学長たちは大組織の経営者である。それでも彼らのほとんどは、属性においても才能の面でも、今なお学者を第一に自認しているだろう。このことは、「新しい経営管理主義（new managerialism）」と称される時代に存在する葛藤の一つである（Deem and Brehony, 2005）。

　大学が効率性を追求したことによって、従来の同僚制による時間をかけた意思決定は、経営管理の考え方に基づいて一握りの経営者がおこなう体制に移行してきた。大学の評議会は「『ノー』と言えるすばらしい組織」という評価を得つつも（Trow, 2010a, p.446）、その影響力は低下している。このことは、現在の大学がビジネスに機敏かつマーケットに即応できる組織でありたいと考えていることに関係がある。大学経営者が自身のことをいまだに無邪気に学者として認識している一方で、大学経営は「奉仕する」というよりも、「目指す」仕事になっている。大学経営者はもはや学術世界全体のなかで形成されるのではなく、教育、研究、経営の縦割りのなかで養成される。第6章で述べるが、大学経営の分業化が意味するところは、かつては万能型の学者がおこなう仕事の一部であるとみなされていた機能の多くが分散してしまったということである。このような傾向は、教育と研究を続けている大学教員と、大学経営に専門的に従事する大学教員の間にくさびを打ちこむことになった。学長、副学長、学部長、学科長などは恒久的に任用されるように

なり、年配の教員が交替で務めるようなものではなくなりつつある。学問分野に関する変化は日進月歩なので、大学経営者が一教授に戻るのは容易ではない。したがって、いまや大学経営は、古き佳きアマチュア経営者による互助的業務の一部ではなく、専門性を伴うキャリアの選択肢としてみなされていることになる。

　英国では、1985年に発表されたジャラット・レポート（CVCP）が、大学が経営重視の価値観に移行していくうえでの重要な分水嶺となった。このレポートを作成した委員会の「大学の効率性研究のための常任委員会」という名称は、この委員会に期待される内容を示唆している。この委員会のねらいは、大学セクターにおける効率性と説明責任に関する認識を強化することであった。このレポートは、大学が経営の文化により適応し、学術的権力を各学科から法人本部に移すことを推奨した。同レポートは経営の役割について、大学教員がこれまで果たしてきた二元的役割の一翼というよりも、［大学による］「自己正当化のための活動」（Becher and Kogan, 1992, p.181）として位置づけたのである。

　1980年代半ばは、自由市場が英国と米国の両方で政治的に強く支持された時期であり、同時に公共サービス改革が重要だという認識が根付いた時期でもある。実際にこの時期以降、政治理念のいかんにかかわらず、どの国の政府も一連の同じ前提に基づいて公共サービス改革を継続してきた。その一連の前提とは、公共サービスは絶えず効率性の向上を目指さなければならないという考え方、それを実現する最善の方法は、民間企業における競争的環境を可能な限り複製して公共サービスにも適用することであるとする考え方に基づいている。民間における経営手法を公共サービスに転用することも含まれる。この一連の前提は、新しい経営管理主義という言葉で表現されるようになった。公共サービスは効率性の絶え間ない向上を目指すべきであり、その目標を達成するための最良の方法は民間企業の経営実践から得られるという考え方は、いまや政治家に広く受け容れられている。しかし、このように過度に競争的かつ成果主義に基づく経営実践は、学者のあり方としての協同主義的な倫理観に対する脅威だと考える学者も多い（Waitere et al., 2011）。

　マーチン・トロウは、大学の経営管理主義を「ソフト」なものと「ハード」なものに大別した（Trow, 2010b）。彼はソフトな経営管理主義について、大

学が適切に機能するために経営の効率性が必要であると受け容れ、効率性向上に集中することである、と定義した。ここには、多くの信念や願望が集約されている。たとえば、大学の保守性や自己満足主義の改善、産学連携の強化、高等教育の機会拡大などである。それに対して、ハードな経営管理主義とは、学者が責任あるやり方で己のなすべきことを管理できるかどうかは疑わしく、ゆえにビジネスの手法を使って大学の活動を監視し、動機づけることが必要だという考えに基づいている。1990年代初期に、トロウはハードな経営管理主義の勝利を目の当たりにしたと書いている。ハードな経営管理主義を支持する前提は、学術界の信用失墜を主たる特徴とする新しい経営管理主義ほぼそのものである（Trow, 2010b）。

　大学に新しい経営管理主義の原理が適用されると、大学経営と学術界は次第に分離するようになった。このことは、各学科における教授職の役割変化に最も顕著に現れている。高等教育が拡大する以前の1950年代の英国の大学では、教授の一人が学科長を務めるのが一般的であった（Moodie, 1986）。比較的小規模の大学であれば教授ポストは各学科一人に限られ、その教授がすなわち学科長となり、「絶対君主制を謳歌した」（Becher, 1982, p.73）。学科長の任務が輪番制になったのは、1950〜1960年代に学生数が増えた結果、各学科が二人以上の教授を擁するようになってからのことにすぎない。1960年代初めになっても、教授と学科長の役割はまだ実質的に同じであった。1960年度は、教授の五分の四が学科長であった（Halsey and Trow, 1971）。教授以外の者が学科長を務めるような場合は、小規模の学科あるいは歴史の浅い学科であることが多かった。昔の教授が大学の評議員を務めるほどの大きな影響力をもっていたことを考えると、教授でない学科長を擁する学科は、政治力と影響力の保持という点で、きわめて不利であった（Startup, 1976；Moodie, 1986）。

　状況が変化し始めたのは1970〜1980年代である。第一に、学科全体で学科長の役割を輪番化する「民主化」が起こった。第二に、1980年代になると、大学はより効率的かつ事業体として機能することが求められるようになり、学科長たちはさらに多くの役割に直面するようになった。それまでの学科長の役割は主に、卓越した学者であることを基盤とするリーダーシップであったのに対し（Becher, 1982）、次第に、教員採用、予算編成、マーケティング、

戦略策定など、より複雑化した経営管理のスキルセットが要求されるようになった（Mathias, 1991）。

このような傾向は、国によっては大学の組織体制に浸透するのに長い時間がかかったものの、次第に広まっていった。ドイツの大学改革は大学経営の専門職化をもたらすようになった。これまで自治的になされてきた大学教員による意思決定は、より厳格な上下関係に基づく、大学教員の関与が少ない経営管理体制にとって代わったのである（Vogel, 2009）。アジア諸国、とくに中国や日本ではすこし事情が異なる。これらの国では、政府が大学自治を制約する度合いが大きく、大学教員を政府から自立した学者というよりも公務員のように扱ってきた。ただし、香港は、長い間、このような規範の例外であり、学問の自由に比較的恵まれたオアシスだと考えられてきた（Currie *et al.*, 2006）。

学者のリーダーから経営者へ

大学のリーダーあるいは経営者という仕事は、かつては最も尊敬されている卓越した学者たちに与えられたものだった。大学のリーダーシップ、より控えめに表現するならば「管理運営」は、以前は公共サービスの重要な形態とみなされていた。大学の管理運営者という役割は、大学教員の同僚制文化における重要な責務であり、とくに学者人生の後半にある人にとっては、名誉ある選択であった。このような伝統の典型例として、エリック・アシュビー卿を挙げることができる。彼は植物学者として成功を収め、［第二次世界大戦］前のインペリアル・カレッジ・ロンドン、ブリストル大学を経て、34歳の少壮でシドニー大学の教授に就任した。戦後はマンチェスター大学で新たな教授職に就いた。そして40代半ばで、北アイルランドにあるクイーンズ大学ベルファストの学長に就任した。彼はこの学長職を9年間務め、大学の歴史にとって重要な時期にその発展に貢献した。のちに彼はケンブリッジ大学クレアカレッジの学寮長になり、学者人生の最後にはケンブリッジ大学総長に上り詰めた。

アシュビーは官僚主義を忌避した。特筆すべきは、学長のときには秘書役

が一人しかいなかったことである。その代わりに、新進気鋭の学者をベルファ
ストに集めるべく、大学の施設・設備の充実に傾注した。彼は教養とユーモ
アに富む文筆家、講演者であり、報告書や論文、スピーチ原稿を自ら手書き
することにこだわる人であった（Froggatt, 1992）。アシュビーは、学者のリー
ダーたちが今よりもずっと大きな自治を享受しながら、自分たちのビジョン
に沿って大学を形づくった時代の学長であった。この自治という言葉は、現
代でも経営学の専門用語にしばしば登場する。しかし、学長主導で各種の報
告や戦略的意見書を策定することが稀であった時代は、ますます干渉の度合
いを増している国の助成機関がこうした書類を大学に日常的に要求している
現在よりも、自治には大きな意味があった。過去の大学リーダーの誰もがア
シュビーのように魅力に富み、カリスマ性があったわけではないが、少なく
とも機会と能力さえあれば、自分の足跡を残す余地はあったのである。

　しかし、現代の優秀な学者たちにとって、大学のリーダーとなることの魅
力は薄れている。「大学経営」という仕事は、学者人生のより早い時期に、
より慎重に選択すべきキャリアとなった。今日の多くの大学が学者に求めて
いるのは、教育、研究、経営・運営への専門分化を早い段階で遂げることで
ある。今日では、大学のリーダーは学科長から始まり、学部長、そして副学
長を順に経て、最終的に学長になるものだと慣例的に思われている。学長に
なるための見習いモデルはすでに確立している。このことは学生数の増加に
より大学の規模が拡大し、予算規模も大きくなり、高等教育セクターの拡大
や国際化に伴って競争が激化し、ステークホルダーとの関係が複雑になって、
その要求が厳しさを増しているなかでは、さほど驚くことではない。リーダー
にはビジネスのスキル、営利的スキルを身につけることが必要であり、これ
まで重視されてきた個人の学識はとって代わられつつある（Burgan, 2006）。
一流の大学はいまや地球規模の市場でしのぎを削っている。大学の経営管理
は、リーダーシップ研修コースや高等教育マネジメントに関する修士課程な
どを通して、専門職化する方向にある。このような専門職化のプロセスは、
大学の外部環境が急速に変化し、競争が激しくなっている状況に対応するの
に必要なことだと、学者からみなされている（Locke, 2007）。だからといっ
て、学究的なキャリアを目指す学者が喜んで経営職に就きたいと思っている
わけではない。大学の経営やリーダーシップをとることは心身を消耗するの

で、いったん上位職に任命されると、自分の研究や教育をしっかりと維持できる学者リーダーは皆無に近くなる。経営者としてのキャリアパスを目指す時点で、学者としての成功や昇進を遂げる機会は減ってしまうのである。

　今日では、著名な学者がいきなり大学の執行部に採用されることは少なくなっている。著名な学者を執行部に迎えるためのインセンティブも、金銭面の待遇はさておき、低下している。それには前述のような多くの理由がある。具体的には、大学の自治が保障されていないこと、周囲から過度に期待されること、[大学の経営管理が]専門職化しつつあること、そして学者であり続けたいと思う気持ち、とりわけ研究者や教師であり続けたいと思う気持ちを事実上諦めなければならないことである。高等教育、および知的才能を必要とする市場は世界規模で拡大しているので、著名な大学教員ならば、客員教授、名誉教授、コンサルタント、アドバイザー、文筆家、講演者として、退職年齢に至っても現役の学者として活躍する機会に恵まれている。この20年間、大学教員の教育的役割を高めようと各国が尽力したにもかかわらず、大学教員の関心は研究のほうに、そして名声や昇進といった形で報われる、より個人的な報奨のほうに確実に向かっている。このことは大学教授職の性質の変化に関する国際調査によって明らかである。その結果によると、1992年と2007年の間では、大学教員のうち主たる関心を教育におく人の割合はわずかに減少したが（12％から11％に減少）、研究に主たる関心をおく大学教員の割合は、同時期に15％から24％に増加した（Universities UK, 2008）。

　大学の執行部・経営職の魅力は、この仕事に対する大学教員からの敬意が失われるなかで、ますます低下している。別の国際調査によると、オーストラリアの大学教員は世界で最も大学の経営に満足していない（Coates *et al.*, 2010）。その原因はニュー・パブリック・マネジメントの基本的性格、もしくは経営や経営管理主義という用語がますます侮蔑的に用いられている風潮にあるとされている。さらに、大学教員ポストを削減した結果、現在のポストにより大きな負担がかかっていることが起因している。加えて、過去20年間に学生数が激増したにもかかわらず、人員やその他資源の補充がなされなかったことも原因である。さらに大学教員がおこなう研究には、十分な外部研究費を確保し、学術面において高く評価され、「かつ」収入創出につながることが求められている。大学の経営をする際には、このような成果への高

い要求に応えることが前提となっている。オーストラリアの大学において「経営」という言葉が不人気なのは、学究生活の激化が密接に関係している。同様の不満は、英国など多くの国の大学にも存在する。

　大学の経営職に対して払われる敬意や評価が低下した主な理由はほかにもある。それは今日の大学経営が、教育の理想に向かって献身するというよりも、実利的な職業選択の一つだと認識されていることである。だからといって、現在の大学経営者や執行部に理想や社会的貢献がないというわけではない。かつて、大学の経営者になるということは、少なくとも一定期間は、学者としての興味関心に封印をし、大学全体に奉仕することを意味するものであった。それは仕事というよりも、サービスと呼ぶのがふさわしい。大学経営者に期待されるのは、無私の精神なのである。これは、公務員が守るべき規範についてノーラン委員会が定めた七つの原則の一つである（Nolan, 1997）。ここでの無私とは、公共サービスの任にある者は公共の利益のみを考えて意思決定をするべきであり、自分自身、家族、友人などの金銭的または物質的な利益のために意思決定してはならないという意味である。ただし、無私とは単に不正をしないことではない。それは、個人の権勢や報酬のためではなく、献身的に人に尽くすことである。最近では、学長やその他の大学経営者の報酬に注目が集まり、彼らの報酬が教員やその他の職員と比べて急増していることがよく注目される。このことは大学経営者に求められる無私の精神という点では、むしろ信用が低下していることを示している。

　教育の理想に身を捧げたすばらしい例としては、パトリック・ナットゲンズの名を挙げることができる。建築学の分野で学者としての成功を収めたのち、ナットゲンズは1970年にリーズ・ポリテクニクの設立委員長となった。1960年代半ばの英国教育大臣アンソニー・クロスランドが述べたように、ポリテクニク創設の理念は、これまでにない高等教育機会を提供することであった。その理念とは、地域社会や産業界との結びつきを強化することによって、社会の流動性を促し、定時制教育の門戸を大きく拡大することであった（Whitburn *et al.*, 1976）。この理想はナットゲンズの心に大きく響いた。彼はすでに1960年代初めに、ヨーク大学の創設メンバーになるために、エジンバラからヨークに異動していた。彼は、ヨーク市の建築遺産の保護運動に関しても重要な役割を果たした。ナットゲンズはリーズ大学の建築学の教授とし

て、また芸術に幅広い関心を寄せる一人として、それほど困難ではない仕事でその全盛期を過ごすこともできた。しかし、彼は建築学と工芸双方への愛情から、学術の世界と専門職の世界をもっと緊密に結びつけたいという願望に突き動かされた。これには、ステンドグラス職人の息子であったという彼の出自もいくらか関係している。こうしてナットゲンズは、ポリテクニクの社会的・経済的使命の偉大なる推進者となった。彼は、産業界との結びつきを強化することにより、市民大学の理想をよみがえらせたいと強く願っていた。当時の英国では、既存の大学と新設されたポリテクニクの間に、明確かつ制度上の格差があった。ナットゲンズはこの両者並び立たない伝統の壁を崩そうと尽力したが、それでも、英国のポリテクニクが新型大学として改組されるに至ったのは1992年のことであった。

　ナットゲンズは、専門分野の学者として成功することよりも、教育上の理想を実現するために献身し、結果的に大学経営者という道を選択した碩学であった。彼は大学経営に携わりつつ自らの著作活動も続けるという点で、伝統的な大学経営者を体現した人物であった。大学経営の重圧にもかかわらず、学者としての姿勢を貫いた大学経営者はほかにもいる。たとえば、ハーバード大学の学長を20年間務めたデレック・ボック、ブライトン大学の学長を15年間務めたデビッド・ワトソン、キングストン大学の元学長であるピーター・スコットなどである。これらの経営者たちはいずれも、その職に就いている間も研究成果を発表し続けた。しかし、現在の大学経営者に対する需要が意味するのは、学者と経営者を両立するロールモデルがほとんど見当たらないということである。このことは、学者と経営者は別物とする認識が浸透する一因になっている。アシュビーやナットゲンズの例は、高等教育におけるリーダーシップの意味が、象徴的・学術的な影響力（Trow, 2010a）が重視されるものから、より経営管理上のものへと変化したことを示している。

意図的な回避

　大学におけるあらゆるレベルの経営において、リーダーとしての学者が少なくなってしまったことは、学者のアイデンティティを危機に陥れている。

「学者を管理する者」と「管理される側の学者」は分裂したといわれている
（Winter, 2009）。この指摘によると、「学者を管理する者」とは、成果測定、
予算管理、収入創出といった経営者の言説と同じ価値観をもつ者である。こ
の価値観は、同僚制の文化から、企業的かつ事業体的文化への転換を表す
（Dopson and McNay, 1996）。他方、「管理される側の学者」は、経営上の言説
に従うことを余儀なくされており、大学の根源をなすリベラルな価値観を経
営者の言説が攻撃しているとみなしている。このリベラルな価値観のなかに
は、彼らが目標とする真理や知識の探求が含まれている。

　この主張には、部分的には真実が含まれている。大学には「学者」と「経
営者」という別人種が存在し、両者はイデオロギー的に明確に区別され、つ
ねに対立状態にあるというのは単純にすぎるだろう。この主張は誇張しすぎ
である。実際にはその反対で、学者と経営者が同一人物であることは珍しく
なく、「学者のリーダーは今も学者」（Smith, 2008, p.349）なのである。た
とえばデビッド・スミスの研究では、英国の大学で副学長の職位にある執行部
の80％以上が、自分の専門分野の肩書きをもち続けていることを明らかにし
ている。こうした様相は45年以上の長きにわたって続いている。現在、大学
執行部のメンバーで博士相当の有資格者も増えており、約三分の二は PhD
または DPhil を保有している（Smith, 2008）。英国の「旧型大学」[1]も「新型
大学」[2]も、学科長の大多数は博士号をもっている（Sotirakou, 2004）。こうし
た事実は、学者が自身の問題に関する経営から除外されてきたとする説とは
完全には一致しない。実際、学者たちは大学の管理運営に対して引き続き、
あるいはこれまで以上に密接に関与する方向にある。大学の統治構造をみる
と、学外者の役割のほうが大きいものの、学内教員も自分たちの日常的な業
務の多くを引き続き管理している。より複雑なのは、経営の任にある多くの
学者が、企業的な論理を気詰まりに思っているという事実である。それと同
時に、大学では職業訓練科目が拡大しており、それは実務的な専門職がます
ます大学教員として登用されていることを意味している。これらの［実務家
出身の］大学教員は、厳しい規制を受ける専門職を兼任することが多く、成

---

1 ）1992年以前からの大学。
2 ）1992年に大学昇格した旧ポリテクニク。

果主義的な経営を前提とすることや、これを期待されることについて、［一般の大学教員よりも］ずっと慣れているのだ。

　したがって、学者が経営の専門家集団にとって代わられたという考え方は、完全に事実に基づくというものではない。経営管理主義は有害かつ威圧的だという主張は、誇張である（Kolsaker, 2008）。多くの点で、教員自身もまた、大学経営における自分自身の役割や影響を低下させることに関与したのである。かなり前のことになるが、1970年代初頭に学科長を務めた教授たちが主張したのは、各学科の経営をする役割を教授職の者が独占する必要はないということであった（Startup, 1976）。最近では、教員と経営者に関する誤った二項対立図式によって、多くの教員は大学経営をますます回避するようになっている。ある意味では、経営管理主義の考え方と説明責任の必要性を、学者自身もある程度受け容れていることになる。たしかによく指摘されるのは、「教員はまるでつぶしがきかない」という指摘である（Kolsaker, 2008, p. 522）。教員は自身を専門職として再定義する際には、つねに現実主義的である。つまり、自身に関係する事項を経営する責任については往々にして避ける。このことはいまや、「教員たちは経営管理主義のやり方にほどほどに納得しており、経営管理主義と教員としての専門性の間にほとんど対立はないと考えている」ことを意味する（Kolsaker, 2008, p.519）。このことは、経営管理主義は不快だが、目的のためには必要な手段であると割り切る現実的な姿勢によって、裏づけることができる。言い換えれば、多くの教員が自分では引き受けたくないと思っている経営上・運営上の業務は、ほかの人に課されていることを意味する。その代わり、現実主義的な彼らが重視していることは、主に研究と成果発表という、もっと個人的な評価と満足をもたらすような学究生活に、自身のエネルギーを注ぐことである。［この小見出しにある意図的な］回避とは、大学教員がリーダーシップや経営管理への関与を避け、そのような活動はほとんど魅力がなく、報われない仕事だと考えることである（Bolden *et al.*, 2009）。

　今日の世界の高等教育機関は、QS 世界大学ランキングや上海交通大学の大学ランキングを通して、自大学の最新の世界ランキングを注視している。同様に、世界ランキングに登場するような大学に在籍する教員も、計量的な指標に基づいた交換可能な価値をもっている。それらは専門分野における被引

用数や影響度として計算可能である。ISI Web of Science や Google Scholar など、出版物に対するインパクトスコアは、研究業績のなかにしばしば用いられる。今日では Webometrics と呼ばれる大学ランキング3)が広く普及している多くの国で、学者は基本的に研究成果の審査に従わされてきた。そして、このような仕組みを通じて、熱心に競い合い、業績ランキングや評価シートの分析結果の正しさを証明しようとしてきた。こうしたやり方は、学者の自尊心を満足させ、学究生活の競争的側面を覆い隠す。これは、高等教育における、お約束の共謀関係とジョン・ニクソンが名づけたものの一例である（Nixon, 2010a）。それは、公共の利益を前提とするよりも、市場ベースの競争枠組みを暗黙のうちに受け容れることにつながる。この、お約束の共謀関係は、気まずい真実である。

　したがって大学教員自身が、多かれ少なかれ、大学で仕事をするうえでの経営業務を回避する選択をしたのである。そのような選択をした動機は、高等教育において市場の論理の影響力が増大していることだけでは、説明がつかない。専門職として自己を再定義するうえで、奉仕の意識が低下していることも関係しているだろう。報奨制度や表彰制度にも関係する成果重視のプレッシャーが、教員の奉仕の意識を低下させている。そして、個人の学術的利益の追求に重きをおく、より利己的な文化が生み出されている。その結果、公式にも非公式にも、教員としての責務にかかわる活動を通して、リーダーシップを進んで果たそうとする文化が損なわれたのである。これについては第8章で述べる。このことは、学術的実践が統合されずに、バラバラになってしまうことにもつながる恐れがある。教え、研究し、奉仕する教員は、減少する一方である。代わりに、現代の教員は、教える、研究する、サービス活動を行う、のうち、いずれかをやっているのである。

経営上の難問

　大学経営において教授が果たしている役割は、彼ら自身の意見を筆者が調

3）スペインの National Research Council が発表する大学ランキング。

査したところ、人によって見解が分かれる（Macfarlane, 2011a）。この調査で分析したのは、教授の役割に関する233件の質問紙回答と20件のインタビュー結果である。回答者の大多数は、大学教授は他者を導くべきであり、そのことは教授としての責務の要であると答えた。その一方で、教授は必ずしも大学における優れた経営者となる必要はなく、教授と経営者の役割は分けるべきであると答えた回答者も、けっして少なくなかった。この二つの役割に求められるスキルは別物だと主張する人もいた。また、経営上の責務は、研究活動と知のリーダーシップとを果たさなければならない教授にとって、役に立たない邪魔なものだと主張する人もいた。

　　「外部資金を獲得するスキルや論文を書くスキルがあるからといって、『この人物は学科運営にも長けているだろう』と思われると、いつも困ってしまう。学科運営は［研究活動とは］まったく異なる仕事である。これは多くの大学が犯すあやまちである。」

（工学　教授）

　　「教授が学科運営をすべきだとは思わない。［学科運営にかかわると］研究や知のリーダーシップなど、［教授として］本来するべき仕事をしなくなるからである。」

（哲学　教授）

　［大学教員と経営という］二つの役割を隔てていることには、信用性の問題がある。アカデミック・リーダーシップに関する先行研究のメタ分析によると、鍵となるのは信用性である（Bryman, 2007）。学者としての経歴が信用されると、教員集団を経営管理するうえでの外的妥当性が高まる。それゆえに、教授の肩書きのない人を経営者やリーダーに任命することは問題が多いとみなされた。経営管理する対象が年配の教員の場合は、なおさらである。

　　「私の大学では、教授は主に指導者かつロールモデルであるが、必ずしも『経営管理者』ではない。」

（腫瘍学　教授）

「教授は知のリーダーたるべきであり、まさにそれが教授の権威の源泉
である。」

（経済学　教授）

　筆者がインタビュー調査をした教授たちは、研究者としての高い学術的評
価を確立していることは、今日の大学の状況では大きな強みであるとみなし
ていた。ある英語学教授は、「もし教授でないのなら、（学科長として）真剣
に受け止めてもらえない」と筆者に語った。
　経営管理上の責務を遂行することで大学に貢献し、それを主たる功績とし
て教授に任命された者は、一般に「正統な」教授とはみなされていなかった。

「……教授の地位を与えられた者がいるが、……それはけしからんこと
だ。なぜなら、学科長を長年務めてきたとか、膨大な数の委員会に属し
ているとか、不条理な理由によるからである。実にけしからん。」

（英語学　教授）

　大学におけるリーダーは教授職に就いていることが重要だという考え方か
ら、いくつかの大学では教授の職位と執行部の役割を一体化した。筆者がイ
ンタビューをした一人は、ポリテクニクの改組により1992年に誕生した英国
の新型大学では、学部長や副学長など「職階上で上位にいるほど」、教授の
職位が「濫発」される傾向がみられたと指摘した。このことは、これらの大
学の自信のなさを露呈したものであり、異なる役割を意味もなく一体化させ
ていると批判されている。筆者がインタビューした別の教授は、新型大学に
勤務していたが、この大学があまりにも多くの人を教授に内部昇進させたこ
との後遺症が残っていると指摘した。

「新型大学なので人事のやり方を変えたのだと推察するが、最初の（教
授の）任命のいくつかはあまりよろしくなかった。彼らは教授のポスト
を必要としていたので、やむなく内部昇進ということにしたのだろう。
……好人物であるとか、長年にわたって昇進待ちだったとかいうような
理由で内部昇進させるのはおかしい。」

（法学　教授）

　筆者がインタビューした教授の数人は、学科長や学部長が教授の職位を
もっていない場合、あるいは相応の研究成果を出していない場合、彼らに経
営管理されるのはストレスを感じると答えている。

> 「……業績などの点で、自分よりも劣る人材に管理されるような事態に
> なれば、互いにやりにくいし、気まずくなるだろう。」
>
> （歴史学　教授）

　学科長や学部長が教授でない場合は、教授陣を経営管理する際に現実的な
問題が起こりうる。その顕著な例は、成果主義に基づく自己点検や評価であ
る。学科長が教授でない場合は、こうした判定者として不適格とみなされる
ことがある。そのため大学によっては、教授である別の執行部メンバー、と
きには学長に対応が委ねられることがある。このように、経営業務と教授の
役割は明確に異なり、両者を別物として考えることは合理的に思えるが、現
実はそのように単純ではない。信用性が重要だということは、執行部の地位
にある者が実力本位で教授になっていることが望ましいという意味である。
そのことが大学の経営やリーダーシップを発揮するうえでの外的妥当性を高
めることにつながる。教授だから優れたリーダーになるとは限らないが、教
授に最も期待される条件をクリアすることはできる。

第3章の結び

　市場の論理がますます優勢になっているにもかかわらず、大学のリーダー
シップの大部分は、今でも教員自身がおこなっている。言い換えれば、大学
経営の方法や価値観や目標が気に入らないからといって、教員は自分たち以
外の誰をも責めることはできないのである。こうした状況であっても、学者
を管理する者と管理される側の学者という二項対立図式を乗り越える代替案
として、知のリーダーシップの新しい形を発展させる可能性は残されている。
筆者のこの代替案に関しては、本書第Ⅲ部の各章で知のリーダーシップの特
質という観点から説明する。それでも、教授職が大学で果たすべきリーダー

シップの役割をいかに再構築するかという問題は残される。この問いが存在する間、教授は大学の経営管理から撤退しようとし続けるだろう。大学教授職が経営管理主義の課題を克服しようと考えるなら、こうした自分自身について改める必要がある。

大学組織に囲いこまれる研究課題

　本書の主題は、知のリーダーをそれとたらしめる特質とは何かである。つまり、個人に焦点がある。しかし、知のリーダーシップが果たされるに際しては大学という組織にも役割があるとする主張もまた、妥当であろう。この点についての大学の改革は、「知識移転 (knowledge transfer)」や「知識交換 (knowledge exchange)」という概念を基にしている。いわゆる、大学の新しい第三の使命である。教育、研究、およびサービスは長い間、大学の主要目的と考えられてきたが (Cummings, 1998)、最近のサービスは、佳き「無償奉仕の (*pro bono*)」活動から、広く社会の経済的ニーズに合致するような活動へと変化している。

　知識移転や知識交換という言葉は、「事業体としての大学 (entrepreneurial university)」(Barnett, 2003) への移行と強く関連している。知識移転とは、大学が社会と共有できる知的財産を有しており、それを社会的・経済的改善のために幅広く応用することである。知識交換は、より啓蒙的な言葉である。このプロセスは一方通行ではなく、大学も、応用する過程において生みだされた知識を学ぶことを示唆しているからである。しかし、どちらの言葉も同じく、大学の活動が広く社会における知識の発展に貢献することや、大学の労働力が商業化され、大学組織に集約されることを象徴している。

　残念ながら、大学の使命をとらえ直してあらためて主張しようとするこの

試みは、個人レベルの知の自由には不都合な結果をもたらしている。個々人の学問テーマは組織的な取り組みに「とって代わられ」、学者たちはさまざまな規模の研究グループに「寄せ集められ」た。こうして、広く組織の使命や商業的利益が達成されるように仕向けられているのである。本章では、このような研究および学術的関心の方向転換が、知のリーダーシップの大学組織への集約を招き、学究における独創性や創造性を低下させていることについて、議論する。

大学の研究テーマ

　現代の主要大学はおしなべて、組織としての研究テーマをもっており、その下に、その目的を支えるような学部・学科単位の研究テーマがある。知のリーダーシップを組織的に集約したわかりやすい事例は、世界に名だたる研究大学の一つであるユニバーシティ・カレッジ・ロンドンである。全世界の健康、持続可能な都市、文化間の交流、人類の幸福という四つの「重点課題（grand challenges）」をテーマに掲げ、学内のあらゆる研究や学問がこれらに関連づけられている（University College London, 2011）。世界の諸大学も、それぞれに研究テーマや課題を有している。たとえば、香港大学（University of Hong Kong, 2011）は、五つの研究領域と19の戦略的研究テーマを掲げている。このなかには、癌、健康的な高齢化、持続可能な環境、中国と西洋の研究などが含まれる。最後のテーマからは、大学が地域の関心をテーマに反映しようとしている様子が見てとれる。ニュージーランドのオークランド大学(University of Auckland, 2011) は、三つの戦略的取り組みのうちの一つとして、地元の文化的背景を反映し、地域で長く続いてきた差別行動を是正するために、「先住民の『知識』、民族、およびアイデンティティ」を取り上げた。同様に、カナダでも先住民族の文化の扱いと尊重に関心が寄せられており、一流研究大学の一つであるサイモン・フレイザー大学は、六つの研究テーマに「起源」を含めている（Simon Fraser University, 2010）。当該大学では、これ以外のテーマにおいても、文化、環境、および人類の健康をとても重視している。南アフリカでは、アパルトヘイト時代ののちに多数決原理への動きが

起こり、民主主義や人権などがこの地における重要な問題となっている。このような懸念をはじめとするアフリカ社会の抱える問題が同国ステレンボッシュ大学（University of Stellenbosch, 2011）の研究テーマに取り上げられるのは当然である。具体的には「貧困および関連する状況の撲滅」、「人間の尊厳と健康の促進」、「民主主義と人権の促進」、「平和と安全保障の促進」、「持続可能な環境と競争力のある産業の促進」の五つである。

　大学のテーマは、［立地する］国や地域の関心事を反映することが多いが、一方では、今日の世界的な大問題、たとえば、環境とテクノロジー、健康と病気、紛争と情勢不安、貧困と発展、文化と文化的差異の理解の促進などに群がりがちである。大学は、よりよい社会をつくるために自らが貢献していることを、研究テーマを通じても示しているのである。これは、大学が競争を増す市場で自らを売りこみ、差別化を図るための不可欠な手段である。しかし、大学の研究テーマが科学技術に偏りがちであることを認識することも重要である。この背景には、科学技術分野の研究が、政府、研究助成機関、慈善団体、製薬会社などの民間企業から助成金を得やすく、大学の収入を増やせることにある。大学の主要な推進力が、知識からお金へと入れ替わったことを示しているといえる（Brennan, 2011）。これはまた、今日の産・官・学の利益が研究によって結びついているという、トリプル・ヘリックス構造も表している（Etzkowitz and Leydesdorff, 2000）。大きな財源を得にくいテーマは、減っていくことになる。この傾向は、芸術、人文学、社会科学といった分野に顕著である。こうして、多様な学問分野から大学の研究が存立してきたにもかかわらず、大学としての研究テーマは科学技術に偏ることになる。このような決定は、執行部や研究委員会によって下される、大学における研究戦略アプローチの一環である。

　研究テーマを［大学が組織的に］掲げる利点として、テーマの下に学者たちが集められ、その集団が一定の大きさ以上になると、理論や実践に影響を及ぼせるようになることがある。ランキング中位の大学の多くは、あらゆる研究分野に投資して支援するほどの余裕がない。大学は、研究テーマをもつことによって、広く世界に自分たちを売りこみ、公共の利益に貢献していることを主張できるのである。テーマに直結する研究を遂行する学者は、さらなる支援を期待できる。組織としての研究支援は、その研究プロジェクトが

大学の研究テーマと明確に結びついているかどうかによって決まる。したがって、香港大学の例のように、社会が直面する現在の問題に取り組むテーマが多くなる。グローバル化した世界における文化理解の促進、公的医療の改善、ガンやアルツハイマー病の治療法開発、環境悪化を防ぐ方法の探索、地球に残された天然資源を大切に使う方法などについて、その必要性があらためて議論されることはまずない。

　研究テーマによって、組織の方向性や使命がはっきりと示され、大学が社会にどのような付加価値を与えうるかが説明されることは、悪いことではない。現在の大学は、公的資金投入の理由づけをし、現代社会における明確な役割を提示することを要請されているという面もある。大学は、現在の傾向や関心事を反映する研究分野を重視し、資金獲得や大学の認知に結びつきにくいような廃れた話題は重視しない。さらに、第1章で述べたように、大学は、もはや知識生産者として絶対的な存在ではない。インターネットで情報を自由に入手できる民主的でオープンなコミュニケーション・ネットワーク上で、注目されるために競わなくてはならない。大学は「専門知の占有を失いつつある」（Arnoldi, 2007, p.49）。そのため、大学はコミュニケーション担当者や知識移転担当室を設置し、知識を生産したり、意見を述べたりする幾多の学外組織や個人に対抗しなければならないのである。

政治的公正

　いずれにせよ、大学の研究テーマは、政治的公正（political correctness）という強力な要素に支えられている。それらでは、陳腐なきまり文句を伴って、信じてもいないような高邁な理想への貢献を謳う（Lea, 2009）。香港大学は、戦略的研究テーマの一つとして、中国と西洋の比較研究を定めた。これは、英国、カナダ、米国、オーストラリアなどの大学がこぞって文化的差異の探究を重視するようになったことに影響を受けたものである。これによって、東洋と西洋を二元的にとらえることが強化され、あたかもこれが世界の区分を説明する唯一の枠組みであるかのように、東洋と西洋「以外のも

のを排除する」結果をもたらすことはほぼ間違いない（Cousin, 2011）。この二元論の正当性について異議を唱えることは文化的差異を尊重していないとみなされかねないため、この二元論は政治的公正となる。この分断についての探究は、エドワード・サイードの研究、とくに1985年の著書『オリエンタリズム（*Orientalism*）』（Said, 1985）が源となり、関心が寄せられるようになった。この本は、西洋と東洋という表現について世界的な議論を巻き起こした。しかし、大学や研究助成機関が定める戦略的研究テーマは、このテーマも含めて、すでに知られており重要である（と考えられている）ものか、あるいは、そもそもこれまでの学問上の言説に基づいたものであり、新たな知の越境や異論の生成を促進するものではない。これらのテーマに取り組む学者たちは、テーマに沿って奉仕または貢献しようとしているのであって、定められた研究課題の正統性に異議を唱えはしない。

　したがって、研究テーマは、現代社会に関連する問題に焦点が置かれている。このようなやり方は、好奇心に基づいて、多くは理論的に突き動かされて実施され、すぐに実用化することを目的にしていないような研究とは対照をなしている。後者はいわゆる、研究のための研究（blue skies research）である。しかし、そのような研究にも、潜在的なニーズや予想できないニーズに基づいて、社会に恩恵をもたらす可能性がある。けれども、好奇心に端を発する学問が歴史的に果たしてきた役割にもかかわらず、現在の学者はたえず、英国リサーチカウンシルをはじめとする研究助成団体から、研究の経済的「影響度（impact）」を問われている。学者の研究活動に対する報奨は、既存の研究テーマに知識や洞察を付加したことに対して与えられるのであり、当人が知的なリードをとることを奨励するものではない。さらに、環境保護や文化的差異の理解といった信念やパラダイムの正しさが疑われることはなく、テーマそのものが議論になることもない。

　さらに心配なことは、政党の政治的課題に基づいて、政府が研究テーマを設定することである。英国の大学・科学担当大臣は、政府が定める国家的優先事項に対する貢献を英国リサーチカウンシルに要請することは妥当であると発言している（Jump, 2011）。このような政府の期待によって、英国芸術・人文リサーチカウンシルにおける戦略的優先事項の一つに、いわゆる「大きな社会（Big Society）」を実現するという政府の要望が取り入れられていっ

たとされる（Jump, 2011）。研究の優先順位を設定する際のこの種の直接的ま
たは間接的介入は、明らかにハルデイン原則（Haldane principle）に反する。
ハルデイン原則とは、英国リサーチカウンシルは、研究資金の使途について、
政府の指示を受けることなく、自律性をもたなければならないというもので
ある。この原則は、1918年にリチャード・ハルデインが書いた報告書（*Haldane
Report*, 1918）により確立されており、この原則のおかげで、政治家ではなく、
学者自身が研究資金の最適な使途を決定することができるようになった。ハ
ルデイン原則は根拠のない考えだと主張する者もいるが（Edgerton, 2009）、
この原則がどの程度現実的か否かはさておき、政府の指図を受けずに自由に
研究するという概念は強固な伝統になっている。

　ドイツには、大学組織の外に研究機関を設置するという、大きく異なる理
念がある。たとえば、マックス・プランク研究所は、非政府・非営利で優れ
た研究に従事するセンター群として長年の定評がある。この研究所は基礎研
究に重点を置いて、自然科学、生命科学、社会科学、および人文科学に取り
組んでいる。この研究機関の各学者は、組織による研究テーマに追従するの
ではなく、学問的探究課題を自ら決定する。彼らが重視するのは、とくに革
新的な研究分野や、財政上または緊急度という点でとくに需要の高い研究分
野である。それによって、32件[1]のノーベル賞がもたらされている。ただし、
この研究所の大きな権力が、必ずしも各学者にあるのではなく、各研究部門
長のもつ展望次第であることも認めなければならない。

知的財産の利用強化

　大学には、社会に関与し、社会的にも経済的にも価値があることを示す必
要があるが、知のリーダーシップを集約することには悪い影響もある。その
一つが、大学が商業的収益のために、雇用する学者の成果である知的財産権
を囲いこみ、搾り尽くすことである。商用化が重視されるとなれば、研究機
関が評価するのは、学術的研究の理論的、概念的な価値ではなく、応用可能

1）原著執筆当時の数値。

性である。学術的研究には、さまざまな形態や専門分野があり、必ずしもすべてが商用化されるわけではない。芸術、人文科学、一部の社会科学の学者は、とくに、商業的な価値と影響度という点で研究を正当化するよう圧力を受けている。応用に力点を置いていない学問分野では、学者たちが従うことを期待されている［組織的］研究課題と、当該分野における学問的規範との不一致がとくに顕著である。学問的探究はもはや公平無私なものではない。社会的ニーズとどのように関係するかを明らかにしなければならない。さもなければ、好き放題である、あるいは見当違いであるとみなされるリスクを負うことになる。自分の研究を社会の最新の研究テーマに合わせられる学者は、所属大学からより多くの支援や注目を集めやすい。このような期待に応えられない学者は、無視されたり、傍流に追いやられたり、ときには失職することさえある。こうして、個性化ではなく、現在の大学で尊重され報いられる特質であるところの従属性が、促進される。

　研究課題が大学に集約されることによる知的営みの歪みは、これ以外にも起こる。最も心配なことの一つは、学者の役割が変化することである。学者個人の関心は二の次にされ、研究費獲得の機会を追求することや、今日的関心に関係するとみなされた旬の研究課題に、それがいかにはかなく些末な課題であろうと、注目することが重視されている。研究や学問における活動の価値や特質は、従来ならばその学問分野において判断されてきたが、今では、大学にもたらす収入、論文の被引用回数、そして、より広い社会に及ぼす計量化可能な即時の影響度という観点から、大学と政府が判断する。個々の学者にとっての研究課題集約の問題について、ジャスティン・トーレンスが次のようにうまくまとめている。

　　それゆえ、流行りでない分野、すっかり新しい分野、もしくは経済的利益がもたらされない分野の研究を始めたい、続けたいという研究者は、ときに不利益を被る。また、自分のプロジェクトを放棄し、世間が「認める」研究を引き受けることにより、自身のキャリアアップにつながり、自分が「認められる」こともある。

(Thorens, 2006, p.100)

　こうして、学者はますます市場に主導されるようになり（Gordon, 2010）、マルチメディアがひしめく世界で自分の「メッセージ」を発信しながら、資金を獲得し、自分の知的活動を正当化するために戦わなくてはならない。世界的な一流大学が現れ、移籍市場が活発化するなかで、第一線で研究する学者たちは熾烈な国際競争を繰り広げている（Wildavsky, 2010）。ここで生じているリスクは、一般大衆向けでもなく組織の課題にも合わない、現代の流行りでない研究が、予測不能な世界においていつか利益を生むかもしれないのに、社会から失われようとしているということである。

　このような環境下で引き起こされるのは、知的思考や活動の短期間化であり、グローバル化が進む学術労働市場においては、知的実績の質が次々と判定されている。測定されるのは、研究助成の金額や論文数、より厳密には被引用回数である。被引用回数を重視して学術的実績と影響度を客観的に計測しようとすると、このようなシステムがつくる歪みが看過される。無節操な者やひたすら打算的な者が、数人の親しい学者仲間のうちで相互引用の合意を結んで排他的引用グループを確立している危険性はさておくにしても、被引用回数が指標となれば、学者はすでに確立された分野や人気のある分野で研究や発表をするようになる。人気分野で著作活動をする平凡な学者のほうが、人気のない分野で自由に著作活動をする才能のある学者よりも、より多くの仲間から引用される可能性が高いからである。前者が有利になるように仕組まれているのである。引用分析は、通常と異なることをしたり、新しい知的方向性をつくろうとしたりすることを奨励しない。規則に従い、既存の考えや分析に合わせ、すでに成長した活動分野に貢献することを促すものなのである。

　このような展開は、いわゆる公平無私な研究、つまり、研究助成機関、慈善団体、企業、政府、あるいは大学自身などの他者が設定した課題に応えるのではない研究が、崩壊する典型例である。公平無私な研究とは、学者が自ら方向を決めているというだけではない。むしろ学者たちが、研究成果に対して何の既得権益もなく、特定の傾向や偏向をもたないことなのである。これを守ることは重要である。なぜなら、資金援助を受けた研究がなされるとき、学者は、その資金源の政治的、社会的、経済的期待を強く意識しがちだからである。受動喫煙が深刻な健康被害を及ぼさないと結論を出した研究者

は、たばこ企業からより多くの研究資金を得やすい（Barnes and Bero, 1998）。
さらに、スポンサー企業を喜ばせる反倫理的行為は、一般に考えられている
ほど稀なことではない。研究助成団体から資金援助を受けた学者を対象とし
た調査によると、15％の者が研究の一部を変更したことを認めており、その
なかには研究成果の改変も含まれている（Martinson *et al.*, 2005）。

　公平無私は、ロバート・マートンが提唱した、学究における四つのエート
ス[2]のうちの一つである（Merton, 1973）。残念ながら、公平無私は、現代の
学者が叶えることのできない贅沢である。なぜなら、彼らはたえず、学術上
の取り組みの成果や影響に目を光らせていなければならないからである。
マートンが定めた価値観のうちには、共産主義（communism）もある。この
言葉は、政治的背景にあっては感情的、ときには軽蔑的な意味合いをもつ[3]。
しかし、マートンはこの言葉を、学術界において、知的な思考や発見を学者
が自由に共有する気質を表すものとして使用した。この共有行為は、知的共
有（intellectual commons）とも呼ばれる（Halsey and Trow, 1971）。これは、
単なるマナーのよさや寛容な精神の現れではない。知的進歩の過程における
協働であり、人類の進歩という誰しもが恩恵に与れるようなアイディアを共
有することである。これに比べれば、誰が難問を解明したのか、何かを最初
に発見したのは誰かというような学者個人のエゴなど、とるにたらない。そ
して、知的共有は、物質的利益や商業的利潤よりも重要であり、重要である
べきである。しかし大学では、商業的スポンサーが求める科学的進歩の秘密
保持への同意が日常的になされている。これは製薬企業に顕著であり、研究
成果は広められることなく秘匿され、新薬によって得られるかもしれない利
益を誰からも出し抜かれないようにしている。

組織的目標のための研修

　研究者の能力開発（researcher development）が、大学のなかで拡大してい

2）社会集団を特徴づける気風などのこと。マートンは、科学者集団が共有する精神風土を表
　現するためにこの言葉を用いている。
3）この理由から、現代の科学論では「共有制（communalism）」を用いることが多い。

る。これは、過去20年間に及ぶ教員の能力開発や教育改善を通じた教育の質
向上の取り組みの結果である。英国リサーチカウンシルはこの取り組みを促
す重要な役割を果たし、その結果、公式の研修プログラムが発展した（Gordon,
2005）。人材開発の主要なターゲットは、博士課程の学生や、強力な、また
は十分な学問的実績をもたない大学教員である。英国で研究者の能力とキャ
リアの開発を支援しているのは Vitae という組織で、これは英国リサーチカ
ウンシルが援助しているキャリア支援研究センター（CRAC）の一部門であ
る。2010年、Vitae は、それまで大学における研究者の能力開発の基準であっ
たスキルの共同声明（Joint Skills Statement）に代わるものとして、多様な研
究助成機関からの合意を得た新しい研究者能力開発についての文書を発表し
た（CRAC, 2011）。

　研究者能力開発声明の問題点は、一般的な研修（研究方法など）と、組織
の目的を強化するような態度への期待とが綯い交ぜにされていることである。
「グローバルな市民性」、「社会と文化」、「事業化」といった態度である。こ
れらの気風は「知識とスキル」として示されるものの、実際には、組織のス
ローガン、姿勢、価値観そのものであり、大学のマーケティングと結びつい
ている。本章の冒頭で述べたように、これらは全学的な研究テーマとなって
おり、政治的公正と目される種々の公共政策の優先順位を支持するものであ
る。

　研究者能力開発声明によって大学の組織的目的が正統化される背景には、
学者の知的自律性を促すというよりも、大学のニーズを満たすために研修が
なされていることがある。これは、PGCHE[4]によって、学生の学習に関す
る一般的理論とともに大学の方針を植えつけようとしていることにおいても
同様である（Macfarlane, 2011b）。

第4章の結び

　研究課題の組織的集約は、学究の質に悪影響を及ぼし、学者自身が研究や

---

4 ）英国の大学における教授法についての大学院レベルの資格認証。

学問上の課題を決めたり追究したりする自由を制限する。直接に特権を阻害しなくとも、現在の報奨や動機づけは、大学、研究助成機関、企業、慈善団体、政府の研究課題に適合することを奨励している。しかし学者は、自律性や独立性をとくに重視しており、自分の学術的方向を確立して追究しようとする。これがために、多くの人が学者の道を志し、ときには、自分の専門知識をビジネスに生かして儲ける道を切り捨てるのである。学者の動機づけについての研究においては、自律の重要性が繰り返し述べられている(Feldman and Paulsen, 1999)。

　学者個人の関心に基づいて自由に探求できることは、理解し難く、利己的にすら映る特権であろうが、この特権が、社会が与る恩恵を最大にするような信条に基づいた研究を陰ながら支えてもいる。公平無私な方法がとられ、その結果はさらなる発展のために自由に共有されるという信条である。このような価値観への献身が知的進歩には必須であるが、これを事業体としての大学の使命が阻んでいる。大学は、知のリーダーとしての学者の役割をあらためて主張し、創造性と好奇心にあふれた学者の成功のために適切な環境をつくるべきである。大学とは何かを明確にすることは、知のリーダーシップの第一歩である。これについては、地球規模に拡大する高等教育システムから財を得ようとする多くの大学の事例を挙げながら、第10章で取り上げる。

第Ⅲ部

自由と責務

第5章

教授になること

　教授とは誰をさすのか。どのようにして教授になるのか。本章ではこの疑問を解き明かしたい。そしてこの疑問に迫りつつ、教授陣が彼らの役割をどのように認識しているかについて、当人の着任過程の経験などをふまえながら掘り下げたい。教授になるための公的基準はどこの大学でも大差ないが、その過程については、組織のなかに少なからぬ暗黙知が存在していることを理解しておく必要がある。言い換えれば、明文化された内容に加えて、理論だけでなく実践も求められるのである。評価基準は、「国際的名声のある学者」、あるいは、学術界において「大きな影響を及ぼした」者や「高い評価を受けている」者といった、ごく一般的な表現で定められている。このような表現はよく用いられるが、慎重な解釈を必要とする。つまり、教授の任命プロセスは今なお風評や伝説のベールに包まれているところがあり、これを読み解くには暗黙の専門知識を必要とする。

　本章ではさらに、大学の性質や機能の変化に応じて、教授の任命基準がいかに移り変わりつつあるのかについても考察する。現在の大学では研究業績がますます重視されるようになってきているが、これは教授に求められるこれ以外の学術的役割、たとえば教育やサービス活動での貢献などとは対照的である。この変化の特筆すべき点は、大学からの期待に応えるうえで、学問分野によらず、研究成果に加えて、収入創出がますます重要になっていると

教授たちが認識していることである。

教授とは誰のことか？

　教授とは誰をさすのかを証明することは、比較的簡単だと思うだろう。しかし、実際には、この一見単純な問いに簡潔に回答するのはかなり難しい。それは「教授」という用語の使用方法が国によってかなり異なり、誰を教授と呼ぶかを決める伝統が多様だからである。そもそも教授というのは、つかみどころのない言葉なのである。

　たとえばラテンアメリカでは、すべての教育段階の教員を「教授」と呼ぶ。つまり、スペイン語で教授といえば、中等教育機関の教員という意味も含まれる。米国とカナダでは、教授という用語は中等教育以降の教育機関で働く教員や学者に広く使われている。北米で教授と呼ばれる人の大多数は、実際には講師や教育助手として雇われている。このなかで、真に教授として認められるのは、大学内で「専任」教授ポストにまで昇進した者というのが通例であり、それよりも職位の低い助教や准教授とは区別されている。

　英国や欧州では、「教授」という用語の意味はもっと限定的であり、その用法は法的にも定義されている。ドイツで学者としてのキャリアを重ねて最終的に教授になることは、一般に長い年数を要する、骨の折れる過程である。博士号の取得後、学者の卵たちは大学の若手教員として働きながら［博士論文に続く］第二の学位論文を書くことによって、「ハビリタツィオン（Habilitation）」と称される資格を取得しなければならない。このハビリタツィオンに合格すると、私講師（Privatdozent）と称されるようになる。これを docentまたは dosent と呼んでいる国もある。この私講師を経てはじめて、講座主任（すなわち教授職）となる資格を得る。ただし、ドイツでも州によっては五年以上の私講師の経験が必要である。多少の違いはあるものの、フランスや、フィンランドなどのスカンジナビア諸国も類似した状況である。英国では、教授になるのに博士号は必須要件ではない。一部の応用分野や専門職分野では、教授が博士号をもたないことがままある。英国の大学では職位も多様であり、ポスト1992年大学では、（専任または講座主任の）教授の下には、

講師、上級講師または主任講師が置かれている。

　グローバル化は社会に多くの影響を与えているが、その一つが米国型大学モデルの普及である。最近、ウォーリック大学など、いくつかの英国の大学も北米式の職位を採用し始め、助教、准教授、教授という名称を使っている。こうした変化は、旧英国領の香港など、アジアの国や地域にもみられる。これらの地域では英国式の影響が弱まり、北米式の職階が用いられるのが一般的になっている。助教、准教授、教授など、プロフェッサーという名称がつけば、どの職階であっても、専門家として自立していると考えるのが普通である。ただし、日本では、2007年に新法[1]が可決されるまで、旧来の助手、講師、助教授は主として教授を補佐することを要請されていた。法律を改正したからといって、長年にわたって定着してきた行動原理が自動的に変わるわけではないだろう。こうした文化的慣行が新しい法律上の位置づけと一致するようになるには、数世代にわたる時間を要するかもしれない。

　また、テニュアの問題もある。テニュアとは、教授（あるいは教授より職位の低い学者までも）が、定年退職するまでずっと在職できる特権のことである。これは学者として活動するうえで、キャリア形態、流動性、雇用安定性に影響を与える重要な問題である。注目すべきは、米国やその他の国々において、テニュアのポストが減りつつあることである。この動向には、大学執行部や政府が、より柔軟かつより即応的な高等教育システムが必要だと認識していることが影響している。世間が抱くイメージとは異なり、学者は現代社会で不安定な職業の一つである。たとえば、米国の大学には常勤職ではない、いわゆる特任教授がたくさんいる。テニュア制度は米国をはじめとしていくつかの国に導入されているものの、全世界に普及しているわけでなく、たとえば英国やオーストラリアでは採用されていない。

　個人単位で任命される教授職と、基幹講座（あるいは寄附講座）主任としての教授職の違いについてもしばしば言及されることがある。個人単位で任命される教授職は、どのような分野であれ、優れた研究成果をあげた者に授与され、通常、教授になる最も一般的な方法である。どのような理由であれ、いったん大学から離れると、それまで維持してきた教授ポストあるいはその

1）学校教育法等の一部改正のこと。

講座は存続できない。対照的に、基幹講座主任としての教授職は、出資者から提供される無期限のポストであり、それぞれの専門分野で指導力を発揮することを求められる。基幹講座の教授職は、一般的に、個人単位で任命される教授職よりも威信が高い。そして、伝統のなかで名声がすでに確立されていたり、企業や慈善団体から出資を受けられたりするので、より高い給与を得られる可能性が高い。

教授の報酬レベルは、大学の種類によってかなり異なり、また、その専門分野における教授の稀少性や需要にもよる。教授が多額の収入を大学にもたらすことを期待できる場合、また当該する活動において民間部門との競争が激しい場合、たとえば最先端の薬学研究や一部のビジネス分野などでは、市場価値が高まりやすい傾向がある。米国大学教授協会のデータによる最も極端な例では、ビジネス、管理、経営分野の専任教授の平均給与は、同ランクの美学の教授よりも58%高い（AAUP, 2011a）。

収入と名声の両方を見る限り、すべての教授が同等の地位を享受しているわけでないことは明らかである。これは、国際的に異なる高等教育制度の垣根を越えても然り、あるいは同じ大学内でも然り、である。教授の地位は、引き受ける役割の種類にも関係する。たとえば中国では、経験豊かな教授だけが博士課程学生の指導教員になることを認められている。このような制限は、他の諸国ではあまりみられない[2]。この「博導（bódǎo）」（すなわち、PhD候補者の指導教員になることができる者）を目指す者は、学位論文審査を担当する全学委員会の承認を得なければならない（Yuchen, 2007）。

英国およびアイルランドの少数の古い大学に存在する勅任教授（regius professor）という肩書きには、かなり大きな名声を伴う。これは、元は英国王が創設したポストで、オックスフォード大学、ケンブリッジ大学、ダブリン大学、グラスゴー大学、セントアンドリュース大学、アバディーン大学、エジンバラ大学など、いくつかの古い大学に今も存在している（Hogg, 2007）。アイルランド独立以後のダブリン大学を除き、今なお英国王自ら新規の任命をおこなうことになっている。勅任教授職のほとんどは、解剖学、神学、ギリシャ文学、医学、近代史など、いわゆる伝統的な専門分野に設置されてい

2）日本にも D㊟ などの表現で、教授のなかでも研究指導上の制限がある。

る。

　また、客員教授という、学界、政界、スポーツ界、エンターテイメント界など、さまざまな分野の名士に授与される肩書きもある。しかし、彼らは教授と呼ぶにふさわしい学術的活動を、少なくとも授与された大学で日常的におこなうわけではないので、本当の意味での教授ではない。客員教授の任命は、今日の大学ではマーケティングや宣伝の一環として重視されている。客員教授はときおり特別講義をすることはあるものの、実質的には、純然たる名誉職であり、教育や研究に関する責任を負うことはない。

　名誉教授は、教授を退いたのちも学問分野で活動を続けている人に贈られる称号である。通常は退職までの間に教授に昇進した人に対して所属大学から贈られる。名誉教授は教員、研究者、指導教員の活動を非常勤で続けることが多い。ただし、名誉教授の身分や役割はあまり明確ではない（Thody, 2011）。本書の第11章では、大学はこれらの「退職した」学者のスキルや専門知識の有効活用を再検討すべきだということを提案するつもりである。

　このように、教授という用語には多岐にわたる伝統がある。言語上は、教授という用語は教育者と訳されることが多い。中国語では、大学の教授は、Dàxué jiàoshòu と称し、日常的には jiàoshòu と呼ばれることが多い。漢字の jiào（教）、shòu（授）のどちらにも、教えるという意味がある。この分析視点には大きな意味がある。なぜなら、この用語は大学教授（およびその下位職）が歴史的に果たしてきた中心的役割が、研究ではなく教育であったことを示しているからである。アルバート・ハルゼーとマーチン・トロウが1960年代の英国の学者に関して実施した研究によると、わずか10％の学者しか研究に興味がなく、研究を最重要の本務とみなしていたのはわずか4％であった（Halsey and Trow, 1971）。1970年代後半の著書のなかで、ローガン・ウィルソンは、米国の学者の大半は「教育は研究よりも重要」とみなしていると断言した（Wilson, 1979, p.234）。今では教授の肩書きに最も関連しているのは研究や学識だとみなされているが、昔からずっとそうだったわけではない。他の多くの伝統と同じように、教授であることの意味は変化したのである。現在のように研究が中心的役割となったのは、比較的最近のことなのである。

　とりわけ、実証研究がより重視されるようになったのは、高等教育の規模

拡大など、多くの要因によるものである。この要因によって、エリート大学は新しい道を探るようになっている。それは、[学習の]門戸拡大を図り、研究よりも教育に重心をおく、アクセス重視型大学との差別化を図るためである。この20年間、高等教育の大衆化や、国内外の学生獲得をめぐる大学間の競争激化の波に対応すべく、大学教員の専門性開発[の取り組み]は飛躍的に進んだ。教育的役割への関心や尊敬を高めるために、さまざまな報奨や認証の制度が導入されている。米国、カナダ、オーストラリア、英国などの国には、優れた教育を表彰する大学や国の仕組みが存在する。大きな影響を及ぼしたアーネスト・ボイヤーの業績（Boyer, 1990）をきっかけにして、教授・学習に関する学識を高めるため、多くの努力が積み重ねられた。しかし、こうした教育の重要性を高めるための取り組みにもかかわらず、大学教授の考える専門職としての優先順位は、むしろ「反対の」方向へ、つまり教育よりも研究を重視する方向へと移りつつあることが、国際調査のデータによって示されている（Universities UK, 2008）。

　高等教育の大衆化は、大学教員の階層化だけでなく大学間の階層化をもたらした。公的には、多くの国々の大学システムは、オーストラリアや英国のように一元的であり、二元化していない。多様なタイプの大学や高等教育機関の間に、法律的あるいは資格上の区別はないからである。しかし実際には、異なるタイプの学生を求めて、そして教育や研究を支える異なる資源を獲得するために、諸大学は異なる市場で競争している。研究エリート型大学の収入源はより多様であり、裕福なスポンサーからの支援を享受していることが多い。他方、アクセス重視型大学は、政府からの補助金に大きく依存し、自らの教育活動に応じた授業料収入に一定程度依存している。

　こうした差異化の現象を個人単位でみれば、学者はその役割を細分化して、より専門分化したキャリアパスを目指すようになっている。現在の大学教員のキャリアトラックは、教育のみ、研究と教育、管理経営のように、三つ以上に分化している。このような専門分化が制度的になされていない大学でも、教員がキャリア選択をする際に専門分化は自然に起こりうる。高度に細分化された成果主義の環境においては、満遍なく学者としてのすべてをこなすことは、明らかにより困難である。もっぱら教育活動だけをおこなう教員として採用される人の割合は増えている。大学教員としてのキャリアが教育、研

究、管理経営に分裂することは、学者人生において［研究活動を］もてる者ともたざる者とがますます二分されることを意味する。露骨な言い方をすれば、もてる学者は主にエリート大学に所属して研究をおこない、他タイプの教員と比較すれば、教育活動にはほとんど時間を費やしていない。他方、もたざる学者は主としてアクセス重視型大学に属し、研究はほとんど、あるいはまったくおこなわず、ほとんどの時間を授業や学生の成績評価に費やす（Sikes, 2006）。現実の状況はもっと微妙である。というのも、アクセス重視型大学にも研究重視型の教員がいる一方で、研究重視型大学にも教育重視型教員や経営重視型教員がいるからである。それゆえ、大学の相対的な位置づけは、重要な関連指標の一つではあるが、目安程度にすぎない。

　大学教員の仕事が細分化していることは、大学教授が教育、研究に「加えて」、リーダーシップや経営上の役割も期待される万能の存在では必ずしもないことを意味している。別の表現を用いるならば、ほかの［職位の］大学教員もそうであるように、教授は教育、研究、経営のどれか一つの業務に専念すればよいのかもしれない。これはいわゆる、解体という言葉でときおり表現される過程である。その結果、各人にとって最も重要な役割を明示するために、「研究型教授」や、ときには「教育型教授」の形容がよく用いられるようになった。学者としての役割の解体は、教授とは何者か、さらにはより一般的に、学者とは何者かという概念を変えつつある。

教授に採用されるとき

　専門家としての大学教授の優先順位が変化していることは、教授の任命基準にも影響を与えている。大学が、教育、サービス、知識移転のいずれの職務も等しく重要であると建前を言ったところで、実際には個人の研究業績が中心となっており、他の活動よりも重視される基準となっている。

　教授になるための正式な基準は、ほとんどの大学では人事部が発行する採用および昇進に関する情報に記載されているだろう。一般的に、研究や学識の質に関して全国的に評価されている人、そしてより一般的には、国際的に評価されている人が重視される。これについては、たいてい査読付き論文、

研究費の獲得、学術団体や専門職団体への貢献、その他の影響指標によって明示することを求められる。その他の影響指標とは、たとえばある概念を形成したとか、実践の枠組みをつくったとか、他者のつくった枠組みを実践したなどが該当する。影響度を表す指標には、被引用度のほか、知的賞賛に値する名誉、たとえば、国の委員会に貢献していること、大臣に助言をしていること、威信ある学術団体を主宰していること、などが含まれるだろう。次に示す英国のサセックス大学の声明は、大学側の教授に対する複合的な期待を示す事例として珍しいものではない。

> 教授への昇進候補者は、自分の専門分野に対して、国内外で幅広く持続的な貢献をしていることが求められる。加えて、卓越した研究実績をあげていることを一般に期待される。専門分野における教育の発展にリーダーシップを発揮していることも、場合によっては重要である。管理運営または研究面において、自分野、所属大学、高等教育界に尽力してきたことが重要な場合もある。
>
> （University of Sussex, 2008）

　ほかにも、教授になるための必須要件をまとめる試みがある。1991年、全英大学教授会議（NCUP, 1991）は、教授職に必要な基準をまとめた文書を発表した。その基準の概要は次のとおりである。

・基幹講座主任としての教授職：
　学術的に卓越した成果をあげていること、専門分野でリーダーシップを発揮していること。
・個人単位で任命される教授職：
　国際的あるいは少なくとも全国的にみて優れた学者であり、自分が所属する学科内で研究を推進していること。
・学術的名声：
　専門分野で傑出した権威を確立していること、所属大学の評価を高めていること。
・研究と学識：

個人の学識と研究を高め続けていること、同僚に独創的な仕事をするよう促していること、学外でも学識に基づく活動を引き受けていること（学位論文の外部審査委員、学術誌の編集委員や査読者、研究助成金申請の審査委員、研究集会の運営、学会事務局の担当など）。

・教育：
　学士課程と大学院課程の両方で優れた教育実践をおこなっていること。

・資源の獲得：
　学術・研究活動を支えるための資源を確保していること。国内外で獲得した資源を、リサーチアシスタントや研究員の確保、図書費、情報機器の整備、研究室空間の確保、消耗品購入などに活用していること。

・コミュニケーション能力：
　口頭および文書によって、自分の意見を効果的に主張したり、弁護できること。

・種々の学内組織に対するサービス業務：
　各種委員会、自己点検グループ、作業部会、評議会に所属し、活動していること。

・学外でのサービス業務：
　教育や研究活動を越えた社会貢献のこと。地域または国レベルの委員会での活動、公共団体でのコンサルタント業務、メディアでの専門的知見の提供などをおこなっていること。

　NCUP は、学術水準、研究、学識、教育といった、学者としての特質を最も重視している。「今日、教授には、これらに関連する［その他の］特性、あるいは補完的な特質がますます求められている。しかし、採用資格という観点からみると、これら四つの特質を上回るほどではない」としている（NCUP, 1991）。関連する特質あるいは補完的な特質には、資源の確保、コミュニケーション能力、種々の学内組織に対するサービス業務、学外でのサービス業務などが該当する。

　ほかにも、教授になるのに必要な実績と特質について、独自の分析をおこない、発表している者がいる。たとえばジュリー・テイラーほか（Taylor *et al.*, 2009）は、必要な特質について、次のようなリストを提示している。

・国際的水準を裏づける論文数
・当該分野で信頼されている助成金の獲得
・高い評価を受けている研究プログラム
・明快なリーダーシップ
・修了した博士課程学生の数
・当該分野内の指標（編集委員会、研究助成機関のメンバー、客員教授など）

　テイラーらが示した特質は看護教育に関して論じたものであり、学問分野
によって重視する指標の違いはあるだろうが、ほとんどの分野に当てはまる。
論文数と、研究費確保によって収入を創出することのどちらが重視されるか
は、学問分野によって変わる可能性がある。たとえば、応用科学や自然科学
の分野では、人文科学や社会科学よりも、教授の採用に際して収入を創出す
る能力が通例では重視される。その違いは、最先端装置を購入するための予
算が命運を握る「ハード」サイエンスという研究の特性にも起因する。そも
そも、政府機関、慈善団体、営利団体から獲得できる研究資金の額にも左右
される。これらの団体は、公衆衛生の向上などの研究を重視する。また、人
文科学や社会科学の研究者や学者のなかには、研究費をさほど必要としない
人もいる。哲学者や歴史学者が必要とするのは、研究装置や研究チームの雇
用を確保するための大規模な資金調達よりも個人で研究する時間なのである。
　そうはいっても、現在の大学においては、時間は金額で換算されねばなら
ない。教授陣はますます研究費を稼ぐことを期待されている。それらの資金
は、実質的に彼ら自身の雇用をはじめ、さまざまな財源となる。このことは、
人文科学や社会科学の教授候補者が、研究費を稼ぐことにもっと関心をはら
わなければならないことを意味する。むろん、金額の多寡よりも、助成金を
受けたこと自体が高い評価を得た証といえる。また、文献計量学の発展によ
り、被引用回数を通して研究と学識の影響を示すことが重視されるように
なっている。これは最も一般的な計量指標だが、学問分野内の学者の数が少
なく、引用してもらいにくい学者にとっては至難である。このほか、特定の
学術テーマに関する書籍や、学者が影響を及ぼした実践事例を扱った書籍の
販売数などの指標が用いられることもある。
　今回のインタビュー対象者や質問紙回答者においては、教授職を得るため

の基準として、最近では研究助成金の獲得が重要性を増していることが明確に意識されていた。つまり、優れた論文発表数だけでは十分とみなされていなかった。［教授の］候補者は研究資金を集める能力があることを示す必要があった。

　　「基準は変わったよ。稼ぐことがますます重要になってきたと感じる。」

（経済学　教授）

　教授による研究費獲得の重要性が高まっていることは、大学の研究活動が会計面において変化していることに関係している。大学の施設利用に関係する間接経費は、総経済費用の考え方に基づいてすべて自動的に計上される。今日では、大学施設利用に要する費用、たとえば電気代などの公共料金、コンピュータ設備などの減価償却費、人件費の時間単価などを積算しなければならない。この方式の前提となっているのは、教員が当該研究をおこなうには機会費用が発生するという考え方である。なぜなら、これをせずに他の活動によって大学に価値をもたらしていたかもしれないためである。機会費用を研究活動に含めるということは、研究の正当性を証明するために、「総額」としては従来以上に研究資金を稼ぐ必要があることを意味する。

　外部資金の獲得を重視する傾向は、伝統的に出版物をより重視してきた、芸術学、人文科学、社会科学の学者に最も大きな影響を及ぼしてきたようだ。これらの分野の学者には、研究をおこなうための設備や資源の必要性があまりないため、外部資金の獲得をそれほど重要視していない人もいる。ところが、学者の時間に関する考え方が変わったために、彼らは最近になって外部資金獲得の必要性を真剣に検討せざるを得なくなっている。ここでは、研究を大学教員の通常の活動の一部としてみなすのではなく、総経済費用の考え方に基づき、時間単価の考え方で理解する必要がある。こうすると、もっぱら研究活動を思索と執筆に費やす学者、たとえば実証データを必要としない哲学者などの場合も対象に含めることができる。

　研究と学識が、教授に任命される際の基本であることは間違いない。大学教員の教授昇進に関して大学が公表した基準の分析によれば（Parker, 2008）、

最も影響力のある判断基準は研究成果である。研究以外の能力をどこまで重視するかについては見解が分かれるが、研究を主として、それに基づく応用性を支持する意見が多い。たとえば「研究に加えて、それ以外の能力も考慮すべき」（28％）、「バランスのとれた研究者」（20％）、「生粋の研究者」（8％）などである。ジョナサン・パーカーによると、「バランスのとれた教育者」であることを基準にして教授任命をおこなう大学は存在しない。

　筆者の調査によると、回答した教授が研究を重視する度合いは、各大学が教授を採用する際に研究を重視した度合いよりも大きかった。回答した教授の60％が、専門分野における研究と学識を、自分が採用された唯一の基準とみなしていた。同時に、回答者の三分の一以上（36％）は複合的な要因、すなわち優れた教育活動や、学内での管理経営やサービス業務によって、自分の採用が決まったと考えていた。性差による違いはほとんどなかった。一方で、［分野による特性に関しては］基礎科学や自然科学分野で教授に任命された人は、自分の研究と学識を唯一の根拠として挙げる傾向があった（71％）。よって、研究、教育、学内の管理経営やサービス業務など複合的な要因を挙げる傾向は相対的に低かった（29％）。全体において、自分が教授に採用された要因は学内の管理経営とサービス業務にあると答えたのは回答者のわずか2％であり、教育活動が優れているからであると回答したのは1％に満たなかった。

暗黙の知識

　助教や准教授レベルの昇進では、専任教授もしくは講座主任レベルに比べ、教育面ですぐれていることが重要視される傾向がある（Parker, 2008）。パーカーの調査によると、「バランスのとれた教育者」を専任教授の採用条件とする事例は見当たらなかった。また、大学の昇進基準には研究と教育の役割は同等に評価されると明記している一方で、実際には必ずしもそのように運用されていないこと、あるいは教授陣もそうした運用を承知していることに留意する必要がある。教授の地位を獲得するに際しては、暗黙の知識または暗黙の了解というものが存在する。たとえば、大学側は優れた教育活動を報

表5-1　教授採用の要件（n＝229）

学問分野または専門職領域における研究、学識	60（%）
学内の管理経営、サービス業務	2
教育上の卓越性	1
上記の組み合わせ	36

奨する努力をしているにもかかわらず、教授ポストの採用時に教育活動はほとんど考慮されないという暗黙の了解がある。

　さらに、教授採用の際に教授・学習面を最も重視していると回答した教授は、1％にも満たないごく少数だった。英国の大学は増え続けており、こうした限定的なルートを経て教授になる事例が増加しているにもかかわらず、である。こうした限定的なルートの効果を測るのは時期尚早かもしれない。あるいは、こうしたルートは実態よりも美しく語られているのかもしれない。優れた研究成果の判断基準と同等たりうるような明確な基準を［教育・学習成果に関しても］確立することは、教授・学習重視型の教授を生みだそうとする大学が直面する難題の一つである。このような［教育・学習型の教授採用に要する］判断基準をみると、書籍などの刊行成果をより幅広く定義する傾向がある。たとえば、他大学の教員が活用している汎用教材の作成を業績として含むことがある。アクションリサーチ、優れた実践事例についての論文、および学生が用いる教科書が業績となることもある（Hogg, 2007）。こうしたやり方は、研究業績に基づいて任命する伝統的な方法と対照的である。研究［成果］に基づいて教授レベルに達しているかを判断する場合には、このような成果物は適切とみなされないのが普通であろう。教育業績に基づいて教授昇進するルートの地位向上を図る努力はなされているものの、このルートは研究業績に基づくルートに比べて、「二級、二流の類いで、あまりよくない昇進ルート」（Strike, 2010, p.87）とみなされる傾向がある。

　こうした点から、教授・学習の成果に基づく採用方式には明らかに葛藤が存在する。そして、この方法で教授に任命された人が、他の教授と対等の立場を享受しているかどうかは疑わしい。NCUPは、教授に求められる基準の概要を記した1991年の文書のなかで、この基準についてはNCUP内で幅広く合意されているものの、教育をどこまで重視するかに関する意見は一致

していない［と記している］（NCUP, 1991）。筆者のインタビューの回答者の一人は、教授・学習を専門とする教授であり、学生の教科書を数多く執筆し、専門分野ごとに存在する全国教授・学習センターの運営にも携わってきた。彼は自分が教授に任命された要因は研究以外にあると述べている。しかしながら、彼は自分の教授採用が通常と異なる方式だったことに不安を感じつつ、研究重視型大学で働いていると述べた。

> 「私はこの大学ではかなり変わった教授で、そのことをはっきりと自覚している。会話の中心は研究の話題だが、私はほとんど研究に携わっていない……」

（教授学習分野 教授）

　筆頭著者としての査読付き論文数も、教授採用の指標として暗黙に了解されている。このような情報は大学の便覧やガイドラインには書かれていないが、学内で昔から言い伝えられていることである。また、筆者がインタビューした教授の何人かは、教育や管理業務のような、研究以外の役割を果たしうる基本的能力が自分に備わっていること、あるいはこうした役割で大学に貢献してきたことを示す必要があったと述べた。ただし、本当に重視されるのは研究の卓越性であり、そのことを論文や多額の外部資金の獲得によって示さなければならないとも明言している。有能な教育者であり管理職であることも期待されてはいるが、実際に教授採用につながるのは、優れた研究実績なのである。

> 「……完全に研究成果による。教授になるための準公式ガイドラインのようなものも存在する。約30本の優れた学術誌論文を書いていること、過去五年間に毎年50万ポンドの外部資金を獲得していること、といったものだ。こうしたルールはみな知っている。……」

（工学 教授）

> 「……論文数が（教授採用にとって）最も重要だったと思う。その次に重視されたのは研究計画書だった。……我々は25万ポンドの助成金を得

た。同時に、私は数人の博士を育て上げた。」

（経営学　教授）

「……准教授（reader）3)になるためには、査読付き論文が20本程度必要なことはよく知られている。」

（歴史学　教授）

　インタビューに答えたほとんどの人が、教授の任命の基本条件は研究と学識に限定すべきであり、主たる業績が教育あるいは学内サービス業務にある人にまで広げるべきではないと主張した。このような考え方は、教授・学習の学識に対する敬意を高めようとする考え、すなわちボイヤーの著作（Boyer, 1990）が触発した運動と相反する。ボイヤーの考えは、四種類の異なる学識（発見の学識、統合の学識、応用の学識、教育の学識）を幅広く理解しなければならないというものである。ボイヤーの四つの学識形態は、のちに、多くの大学の採用・昇進基準に採用された。特筆すべきは、学問分野の研究に関係する「発見の学識」に加えて、「教育の学識」に対する認識も加えたことである。しかし、教育への認識と研究への認識は隔てられたままであり、同等に扱われるには至っていない。

　筆者のインタビュー回答者たちは、研究が果たす役割の重要性を認識しているが、小規模な学科をとりまく環境により、ときには研究以外の基準の重要性が増す場合もあるという意見があった。たとえば、それほど目立った研究成果はないものの、学科長が将来務まりそうな人材を教授に任命するケースなどが該当する。たしかに研究業績は最も重要だが、教授採用時の審査員からは、多方面のスキルを示すことを期待されたと述べた回答者もいた。

「大学の経営、教育活動、教育コミュニティにおける立ち位置。今日では、これらのことも重要な要因と考えられている。10年前には必ずしもそうではなかったと思う。」

（保健学　教授）

3）英国の大学で、教授のすぐ下の職位。

　今日では、教授になるための基本条件はある程度多様になったと認識されている。しかしながら、ほぼすべてのインタビュー回答者、およびこの問題にコメントを寄せたアンケート回答者の大部分は、研究以外の基準を考慮するにしても、それらだけでは正統とはみなされない、または不十分であるとはっきり述べた。学問分野や専門職領域において国際的な評価を受けることは、教授職として採用されるうえで鍵になると考えられていた。何らかの形で成果発表することは、そのような評価を得るうえで、あるいは影響力を証明するうえで重要なこととみなされていた。結局のところ、教育成果を重視することにより大学教員の昇進条件を多様化する試みは、最近になってみられるようになってきたものの、実際にはあまり変化していないことは明らかである。

　本調査では、男性回答者の40％以上が11年以上にわたって教授職を務めていると答えたが、女性回答者の場合は17％に留まった。教授採用の判断基準が男性と女性で特段異なるとは考えられていないが、学部または全学的な経営職に就いていたのは女性のほうがわずかに多かった。他方、教授採用はもっぱら研究成果や学識によると答えたのは、男性のほうが女性よりわずかに多かった。したがって、教授職に関していえば、女性は責任ある経営職を担当する場合が、［経営職を］兼務しない場合よりも多かった。しかし、男性の教授（52％）は、女性［の教授］（37％のみ）よりも、任期のない経営職ポストに就く可能性がずっと高い。

　所属大学に対するサービス業務という点では、女性教授の約三分の一（31％）が、全学レベルの委員会の仕事を依頼されたと報告している。これは、男性教授がわずか13.5％であるのと対照的である。他方、男性は対外的に所属大学の代表を務めるように依頼される割合が、女性よりも多かった。教授として求められる役割の多様性に関していえば、研究におけるリーダーシップを重要と考える度合いに性差はないと、全回答者が答えた。他方、教育におけるリーダーシップについては、88％以上の女性教授が重要である、またはとても重要であると答えたのに対し、男性教授の場合は81％にとどまった。これらのデータは、高等教育機関の女性学者がいまだに学内の庶務的業務を多めに引き受けている一方で、男性の学者はこれを平等に負担していないという意見と一致している。

基準と平等に関する課題

　筆者がインタビューをしたほとんどの人々が、昔よりも今のほうが教授になりやすくなったと認識していた。会計学など、新しい学問分野の発展がその理由の一つだと考えられている。会計学分野のある教授は、この分野の教授採用について、「堕落した。人を集めるために高い給与を支払う必要があり、その高い給与を支払うためには、それに見合った肩書きを与えるしかないからだ」と語った。現在、教授になりやすくなった要因として考えられるのは、英国の高等教育セクターの規模が拡大していること、教授の移籍マーケットを活性化するほどに大学数が増加していることである。後者については、1986年以来、定期的に実施されている英国の研究評価活動により、ますます大学が質の高い教員を求めるようになったため、状況は悪くなっている。

　ある教授は、（他大学からの移籍の誘いに対する）「引き抜き防止」のために准教授に採用されることがあると述べている。ある会計学の教授は、他大学からのオファーを得ることで、自分が教授になる資質を有していることを証明するように言われ、のちに所属大学から教授ポストの打診を受け、受け入れたと話した。インタビューを受けた別の人は、（格上の）大学にとどまるように准教授のポストを打診された。しかし、すこし格下ではあるが、別の大学から教授採用の打診があり、これを引き受けることに決めたと話した。

> 「難しい判断だった。元の大学の准教授のほうが、今の大学の教授よりもよかったのだろうか。私はいろいろと秤にかけたうえで、教授になることに決め、移籍した。」
>
> 　　　　　　　　　　　　　　　　　　　　　　　　　　（経営学　教授）

　かつてよりも教授ポストに採用されやすくなっているという印象は、英国で入手できる公式統計によって、ある程度裏づけられる。しかし、英国の大学教員のうち教授職の割合は、1960年代半ばからそれほど変化していない。2000年代半ばに至るまでの間に、英国の高等教育システムは飛躍的に拡大し

たにもかかわらず、である。1964年には英国の大学教員に占める教授の割合は12％で、2008年は10％をわずかに上回る程度であった(Halsey, 1992；HESA, 2009)。しかし、以後は着実に増えており、この数年は顕著である。2004〜2005年には英国の大学教員のうち教授職は約9％にすぎなかったが、2009〜2010年には14.5％に増加している（HESA, 2011)。この増加にはさまざまな要因がある。一つには、2000年代後半に英国の大学で実施された、主要業務の評価活動が挙げられる。また、もともと英国の大学教授の割合は、米国の博士号授与型大学における教授の割合（35.5％）と比べると、今なおかなり低い水準にあることにも注目しておきたい（AAUP, 2011b)。その有力な要因としては、英国の大学では教授職というものは定年近くになってから就任するものであると考えられていることがある。また、英国ではテニュア制度が採用されていないことも大きく関係している。

　大学社会における女性の割合は増えており、女子学生の割合の増加は顕著である。他方、女性教授の割合は、男性教授に比べてかなり少ない。英国の女性教授の割合は二割に満たない（HESA, 2011)。この状況はヨーロッパの他の国でも同様である。多くの女性教授が、教授になるときに性別に関する壁を感じたと答えている。女性が教授になりにくい一因は、男性の学部長や学科長など、影響力のある人物との個人的接点が少ないことにある。

　　「……当時の学科長は私のことを嫌っていたので、私が基準を満たしていたにもかかわらず、准教授への昇進を二回却下された……」

（映画研究　教授）

　性差別の問題については、インタビューに答えた別の三人の女性が、男性の同僚よりも教授採用までに時間がかかった理由として語ってくれた（たとえば、「口やかましい女性」が敬遠されるなど）。その背景として、男性優位の学問分野で働いていることや、二人の女性教授はフリーメイソンの影響を指摘した。フリーメイソンとは、英国に大昔から存在する友愛組織のことで、女性には入会資格がない。

　　「私は、初の女性教授として、理学部における個人単位の教授に任命さ

れた。……女性が個人単位の教授に任命されることはそれまでなく、今でも教授という地位に女性が就くことは非常に困難だと思う。なぜなら、男性優位の集団のなかで働かなくてはならないからである。科学、工学、技術の分野では特にそうである。」

（化学工学　教授）

「開き直る根性があるから、有力者との人脈があるから、あるいはフリーメイソンだからという理由で、教授に採用された人を、少なくともこの大学で何人かは知っている。」

（映画研究　教授）

「……あそこには男性しか入れない秘密結社がある（執行部レベルにおいて）。」

（応用工学　教授）

　インタビューに答えたほかの女性も、教授になる方法には透明性が欠けており、自分を導いてくれる同性のロールモデルが少ない女性の学者にとって、いかに大きな障壁になりやすいかについて言及している。さらに、教授職における男女の偏りには、より低い職位の研究者の男女比が反映されていないという指摘もあった。たとえば、ポスドク層では女性の方が男性よりも多くを占めることは珍しくない。

第5章の結び

　教授になるための基準は、通常、昇進と採用に関する大学の正式な規則のなかに明示されている。現在では、研究実績や優れた学識の影響度を表す指標が、国際的に重視されている。たとえば発表論文の被引用度、研究費の獲得能力などがある。第9章で詳しく述べるが、これは「大学資本主義（academic capitalism）」の考え方が大学に忍び寄っていることの証左である（Slaughter and Leslie, 1997）。

　教授の採用は、誰が誰を気に入っているか、誰がお気に入りに含まれており、誰が含まれていないか、といった学内政治が複雑に関係している。教授になるための公的基準は誰でも入手できるが、教授を採用するかしないかの決断は、このような社会的、経済的文脈のなかで理解する必要がある。教授採用は大学の意向に関係することが多く、その結果、大学経営の一手段として用いられることになる。大学の財政健全度や、学長など重要人物の人脈や志向性は、［教授選考］過程の鍵となりうる。

　このように、明文化されている公式基準は、全体の一部分を物語るにすぎない。教授の任命を決定する際に同僚による評価がおこなわれるのは、運用上の判断の前提となる暗黙知が必然的に数多く存在することを意味している。このことは特定の集団、とくに女性やその他の非主流派が、歴史的に不利な状況に置かれてきたことを示している。今でも彼らの大半は、こうした内部情報を共有する「輪」のなかに入れないでいる。才能を損失すべきでない、あるいは不当な抑圧があってはならないと考えるならば、公正さと開放性を担保するために、教授採用の過程における透明性をできるだけ高めることが重要である。

第6章

教授であること

　筆者が教授になったのは2004年のことであった。その過程として今でも鮮明に覚えているのは、教授になれるかどうかが決定される面接の準備をしたときのことである。面接の前に、筆者はさまざまな出版物、助成金、その他の業績について詳細に記した大量の書類を提出した。そして、筆者が基準を満たしているかを判断するために集められた、少人数の審査団による面接を受けた。その審査団には、学長、筆頭副学長、および学外審査員が含まれていた。明らかに、学外審査員の意見が最終決定に大きな影響を及ぼすように感じた。面接準備の一環として、教授に期待される役割について、筆者はあらゆる文献を調べた。自分が果たす役割についてどう考えるかを質問されるだろうと予想したからである。予想どおり、面接ではこの点について尋ねられた。

　しかし、「教授である」とはどういうことかについて、教授に求められる素質、義務、責任、活動について詳細に説明しているかどうかという観点から調べてみたのだが、できる限りの努力をしたにもかかわらず、いくつかの例外（Tight, 2002など）を除けば、そうした文献を見つけることはできなかった。前章で紹介したように、「教授になる」方法についての説明は、似たような文献を大量に見つけることができた。その判断基準は比較的明快である一方、「教授である」とはどういうことかについては、これまでほとんど考

察されていない。このことをもどかしく、奇異に感じたことを今も覚えている。本書を書こうと思ったきっかけは、この経験によるところが大きい。

　本章では「教授である」とはどういうことかに焦点を当て、その議論をもって、教授が知のリーダーであるために必要な資質を、続く二つの章で明らかにしたい。ほとんどの教授は万能選手という自己イメージを好むだろうが、教授の役割は急速に寸断され、五つのタイプに分化している。教育と研究をおこない、多くは各学科のリーダー役も担った「万能選手型の」教授や「古典的な」教授は、新しい世代においては、研究、実践、経営などの専門家という立場に変わりつつある。

悪質な教授

　大学教授に対する世間一般のイメージは、第2章で描写したような知識人に対する風刺のとおりだろう。多くの小説、映画、アニメゲーム、その他の物語で造形され強調されてきたように、教授は風変わりで浮世離れした人物とみなされている。一般的に、教授はよい印象で描かれないことが多い。よしんばよい印象であったとしても、1961年の映画『フラバー　うっかり博士の大発明 (*The Absent-minder Professor*)』[1]のような変わり者、あるいは『ナッティ・プロフェッサー (*The Nutty Professor*)』[2] (1963年公開、1996年にリメイク) のように、善良だが性的にはうぶな存在として描かれている。後者の映画では、主人公であるジュリアス・ケルプという科学者が、実験用血清を飲んで「バディラブ」という分身をつくりだす。それは、シャイでヘマばかりしている自分自身を、粋でトレンディな正反対の存在に変身させてくれるものだった。教授はインテリだが、人の感情を理解する能力が欠如しているという考え方も、おなじみのテーマである。おそらく最もよく知られた例は、ジョージ・バーナード・ショーの戯曲『ピグマリオン (*Pygmalion*)』に出てくるヘンリー・ヒギンズ教授だろう。ヒギンズは音声学の優秀な教授であるが、のちに社交界の華となる花売り娘イライザ・デューリトルの扱いに関し

---

1 ）日本公開1961年。
2 ）日本公開は1963年、リメイク版の公開は1996年。

ては無神経で機械的だった。ときには、コナン・ドイルの小説に登場するシャーロック・ホームズの宿敵であるモリアーティー教授のように、見当違いで、邪悪で、不吉なキャラクターとして、教授が描かれることもある。他方、教授がヒーローとして描かれることは稀である。インディ・ジョーンズの映画シリーズは、教授をヒーローとして描いた珍しい例である。

　このように、概して、教授のイメージは必ずしもよいものではない。むしろ、浮世離れして、虚栄心が強く、人に流されやすいという、こうした風刺のような素質と欠点をもつ知識人と思われている。ローガン・ウィルソンが学究生活に関する古典的解説書 *The Academic Man* のなかで教授について用いたさまざまな形容は、この本が出版された1942年当時と変わらず、現在でも一般的なイメージとして定着している。昔から教授のイメージはたいてい否定的で、男性的な文化表象として描かれてきた。

　　（教授に対する）代表的な形容詞は、非寛容的、禁欲的、退屈で、滑稽で小さなやつ、ぼんやりとして、偏屈で、内気で、役立たずで、冗長で、奇矯で、男らしさに欠け、現実逃避的で、ばかばかしいほど理屈っぽく、信念に欠け、想像力に欠け、謎めいて、伝統に固執し、怠け者である。

　　　　　　　　　　　　　　　　　　　　　　　　　　（Wilson, 1942, p.151）

　しかし、そのような批判を事実無根とはねつけるのは適切ではないだろう。大学、とくに一流の公立大学が享受する地位は今でも特権的であり、濫用されがちである。ウィルソンの形容詞のリストは、スーザン・バスネットが随筆のなかで描いた一部の教授の特徴にも現れている。

　　怠惰で、若い同僚をサポートしたがらない、学部生の教育を喜んで他人に任せたがる、よそよそしい、権威主義。いわゆる研究型教授は、最も軽蔑すべき人間である。

　　　　　　　　　　　　　　　　　　　　　　　　　　（Bassnett, 2004, p.3）

　この引用文に含まれているのは、現在の大学における競争的な風潮と関係すると思われる、気がかりな非難の言葉の列挙である。通常、このような教

授の活動は大学の利益のためにおこなわれる。あるいは、もっと直接的には、個々が集まった研究プロジェクトやチームのためになされる。しかしときには、個人的利益を得るためにコンサルタント業務をすることもある。ビジネススクールの教授の主目的は、コンサルタント業務を通してできるだけお金を稼ぐ機会を設けることであり、このような教授は「カウボーイ」と名づけられている（Piercy, 1999）。その典型的な特徴は、研究発表の実績が少ないことだと言われている。そのため、研究活動を華やかに見せるためにさまざまな策略を練る。たとえば、論文の共著者の権利を買ったり、あるいは「データのハゲタカ」になる。すなわち、若くて素直な研究者を餌食にして、自分はほとんど労力を費やさずに、未認可の著作権を譲渡するように彼らを説得するなどの策略をめぐらすのである（Piercy, 1999）。こうした例は極端かもしれないが、批判を一蹴しないことが肝要である。なぜなら、これが一般に認識されている教授の行動様式だからである。残念ながら、このような典型例にぴったり当てはまる教授もいる。本調査の回答者の一人は、「最悪の教授」の特徴について以下のように述べた。

「……（同僚教員からの信頼が薄い）二流の研究者であり、質の低い無関心な教育者でもある（学生の成長に興味がないことが、相談やリーダーシップのスキルが劣ることを示している）。そして、信頼性と能力の低い管理者でもあり、自身の学識面や教育能力の不足を管理者としての役割で覆い隠そうとする。その態度は柔軟性に欠け、悲観的で、消極的である（過去の思い出に浸って、現在や将来の課題を直視せず、それらを建設的に解決しようとしない）。一個人としては脆弱なので公平な労働条件についていけず、（やる気のない人物を引き立てるなど）意図的な身内びいきをして、（大きな可能性を秘めた年下の同僚に対して）嫌がらせをする。このようなリーダーはいたずらに時間を費やし、他人の早い昇進を故意に妨げ、昇進を遅らせるために過度な仕事を押しつけようとする。さらに、年下の同僚の意見や業績を自分の研究成果として横取りしようとする。残念ながら、これは想像上の話ではない。私は英国やその他の場所で、そのような実例が多くあったことを知っている。」

（質問紙調査の回答者）

このように、筆者の質問紙やインタビューの回答者が述べた「悪質な教授」の特質としては、身内びいきになりやすいこと、教育や学生の成長に無関心なこと、労働条件に対して過度に否定的あるいは悲観的な態度を示すこと、などが挙げられる。年下の同僚に対する嫌がらせやいじめも指摘された。具体的には、学者としての潜在能力という点で自分を脅かすような相手に対して、その自信を傷つける行為が紹介された。また、他者の知的なアイディアを横取りして、相手を著者から外すという行為も紹介されている。より一般的な大学教授に対する批判としては、自己中心的で、自分の関心のある専門分野に直接当てはまらない活動には非協力的だというものである。

　　「学科長にとって最大の問題の一つは、仕事を分担しようとしない教授や権力をふりかざす教授の存在だと、当人たちが言うだろう。管理職の視点で言えば、彼らは自分の意見を聞くように相手に強要したり、迷惑行為をとったりしがちである。」

（工学　教授・学科長）

　　「リーダーシップを発揮することや管理業務を心底嫌がり、ダラダラと過ごしたい教授は、不愉快なほど多い。少なくとも、真剣に研究上の相談や助言をおこない、論文や助成金に関してほかのスタッフと誠実に協力して、教授としての最低限の期待に応えてほしい。」

（経済学　教授・学科長）

　もちろん、個々の教授がこれらの詳細な欠点をすべて兼ね備えているわけではないが、「最悪の教授」は現に存在する。権力の濫用はすべての専門職の上位ポストに就いている人に起こりうることで、教授も例外ではない。学術の世界でいえば、自分のアイディアが適切な承諾を得ずに横取りされてしまうことがある。若手教員だけでなく、博士課程の大学院生が犠牲になることも珍しくない。教授との間にある歴然とした権力関係を考えると、彼らはこうした事例を普通のことだと考える、あるいは教授には逆らえないと感じてしまうのだ。著者資格は教授権力の濫用に関する中心的な問題である。近年、大学は研究倫理の向上に大きな労力を費やしているが、それは被験者の

保護に限定される傾向がある。大学が著者資格に関して明確に取り組む姿勢を示すことはほとんどない。

食い違う期待

　どんな職業でもそうであるが、リーダーシップは自動的に与えられる権利ではなく特別な名誉だということを認めない不届き者が必ずいる。ほとんどの教授は立場に伴う期待に背かないように精一杯努力したいと思っている。彼らはよい仕事をしたいと願っている。しかし、各大学は、教授になるためのガイドラインを明文化している一方で、教授になった彼らに何を期待するのかについてあまり注意を払っていない。教授とは自分の専門分野を生業とする人のことだと素朴に表現できるかもしれないが、このような凡庸な表現では教授の役割の多様さを伝えきることができない。筆者は大学教授に対する調査のなかで、彼らが自分の役割についてどう考えているか、また、自分の考えと大学が自分に寄せる期待がどの程度一致していると思うかについて質問した（Macfarlane, 2011a）。その際には、教授の仕事における九つの役割で知られるマルコム・タイトの研究をいくらか参考にした（Tight, 2002）。

　回答者には、これらの役割の重要性について優先順位を考えてほしいと依頼した（**表6-1**を参照）。その結果、「同僚の成長を支援すること」が最も重要視され、その次に僅差で、「研究上のリーダーシップをとること」、「ロールモデルになること」、「学問の水準を維持・向上させること」が続いた。これらの役割の重要性には、多くの人が賛成した。それに反して、「外部資金を稼ぐこと」は九つの役割のなかで最も重要度が低く、非常に重要、または重要と答えたのは、回答者の半数弱であった。

　回答者には、さらに、教授の役割に対する大学の期待は、自分自身の理想と比べて、どのようなものだと思うかについて尋ねた。これについて別の順位表を作成したところ（**表6-2**を参照）、顕著な違いがいくつかみられた。たとえば、教授の自己認識では外部資金を稼ぐことの重要性は最下位であったが、大学側はこの点を研究上のリーダーシップに次いで重視しているだろうと教授はみなしている。このことは、教授が考える自分の役割と、大学が

表6-1　教授の役割（非常に重要または重要と回答した割合）

同僚の成長を支援すること	100(%)
研究上のリーダーシップをとること	98
ロールモデルになること	98
学問の水準を維持・向上させること	96
大学の活動と方向性に影響を与えること	88
公共の議論に影響を与えること	84
教育上のリーダーシップをとること	84
自分の学科を代表すること	76
外部資金を稼ぐこと	49

表6-2　大学が教授に期待していると教授が考える役割（重要または非常に重要と回答した割合）

研究上のリーダーシップをとること	91(%)
外部資金を稼ぐこと	78
学問の水準を維持・向上させること	66
同僚の成長を支援すること	64
ロールモデルになること	60
公共の議論に影響を与えること	61
教育上のリーダーシップをとること	61
大学の活動と方向性に影響を与えること	55
自分の学科を代表すること	49

自分に期待しているだろうと教授が考える役割には大きな食い違いがあることを示している。

　もう一つの注目すべき違いは、回答者は自大学の活動に進んで貢献しているが、大学側はこれにさほどの関心を寄せていないと感じていることである。教授たちは、「大学の活動と方向性に影響を与えること」と「自分の学科を代表すること」は、大学側が最も評価しない役割だと考えていた。こうした点が、大学の経営、リーダーシップ、意思決定のプロセスについての教授の疎外感に拍車をかけていると回答してくれた人もいた。

公的なリーダーとして

　多くの教授は公的な管理職を務めている。典型的なポストとしては学科長、あるいはいくつかの学科で構成される学部組織の代表である学部長などがある。教授はまた、研究センター長、大学院プログラムの長、および重要な学内委員会（研究倫理など）の委員長などを務めることがある。教授が務める全学的な経営職は、大学院部長、副学長、学長などの上位職が多い。1992年以後に設立された英国の大学では、それ以前から存在した大学と比べ、教授が全学的な経営職に就く可能性は倍以上になっている。すなわち、1992年以後に設立された大学では全学的な経営職に就いている教授は17％であるのに対し、それ以前に設立された大学では6％にすぎなかった。ただし、学部内の管理職を担当していると答えた回答者は、1992年以前に設立された大学（38％）のほうが、それ以後に設立された大学（25％）よりも多かった（Macfarlane, 2011a）。1992年以前から存在する伝統的な大学の教授は、研究上の管理職に公式に任命されることが比較的多い。他方で、1992年以後に設立された新しい大学の教授は、教育面や運営面の管理職に任命されることが多い。

　しかしながら、第5章によると、教授に任命される際に運営面について評価されたと考えている回答者はごくわずか（約2％）であった。それでも、いったん教授に任命されると、多くの人が何らかの管理的業務を引き受け、その職責を果たすことを期待される。こうした運営業務は今日では運営支援職員が担うこともあるが、以前であれば教員の職分であった。他方で、教員の定義が変化して、より専門職的な支援業務を担う場合もある。異なる役割を同時に引き受ければ、それだけ大きな困難を伴い、機能不全に陥ることすらある。運営上の役割と教授としての役割が一体化していると回答したのは、本調査の回答者のうち、1992年以後に設立された大学に在籍する二人のみであった。つまり、ほとんどの教授にとって、両者はまったく別のものと認識されているのである。

　しかし、学術的な領域と専門職的な領域の間で職務内容が次第に「混じり合う」につれ、高等教育が二面的もしくは多面的なアイデンティティをもつ

現象が広まりつつある（Whitchurch, 2006）。教授については、これと逆の傾向が起こっている。教授の五分の二以上（44%）は学部単位あるいは全学規模において複合的な役割を担っている。すなわち、彼らは教授であると同時に管理職でもある。ただし、教授と学科長の役割が実質的に区分されなかった時代には、教授が前述のように二面的な役割を担うことはありふれたことであった。教授が複合的な役割のなかで混合的なアイデンティティをもつことは珍しくなくなっているが、本調査の回答者の大多数は、公的な管理職に就いているわけではなかった。この点に関していえば、第3章で述べたように、昔は学科に教授は一人しかおらず、教授が学科長の役割も果たすことが当然視されていた時代であったことと対照的である。当時は、教授であることと学術的リーダーであることにさほど明確な区別はなかった。なぜなら、多かれ少なかれ、一方が他方を暗示していたからだ。ただし、大学内で公的な管理職に就いていない教授であっても、学外ではリーダーの役割を果たすことは今でもある。すなわち、所属する学問分野や専門領域において、学術雑誌の編集委員や学協会の役員をはじめ、認証機関、外部評価委員会、研究助成機関などで責任ある役職を務める場合がある。

　教授は公的な管理職やリーダー的役割を果たすことについて、苦々しく感じていることが多い。ほとんどの者は、こうした仕事を教授の責務の一部だと考えている。しかし同時に、管理職としてのキャリアを望まない限り、管理職の仕事が学者としての自分のありように不利な結果をもたらすのではないか、ということも非常に気にかけている。

　　「それ（管理職になること）は、研究者のキャリアを台なしにする。学
　　科長として過ごすうちに、またたく間に2〜3年が過ぎ去ってしまう。
　　その間に、研究のアイディアは出なくなり、当然ながら研究における自
　　分の役割を失い、研究評価からもこぼれ落ちてしまう。」

　　　　　　　　　　　　　　　　　　　　　　　　　　　　（映画研究　教授）

　はっきりと、学科のリーダーは教授の役割ではないと言う者もいた。これは主に、研究重視の観点から教授の役割を考えている場合である。

「私は、教授は学科経営に携わらなくてよいと思う。なぜなら、本来やるべき、研究や知のリーダーシップに関する仕事をできなくなるからだ。」

（経営学　教授）

ローカル派とコスモポリタン派

　教授の所属大学が彼らの専門知識をどのように活用しているかについても質問した。その結果、研究上のリーダー、および、経験の浅い同僚のメンターとして働くことが最も高く評価されたが、専門的見地から大学執行部にアドバイスを求められたことがあると回答したのは、全体の三分の一にすぎなかった（**表6-3**参照）。注目すべきことは、自分の専門知識が活用されている度合いについては、回答者の五分の三（61%）が「すこし」または「まったくない」と回答したことである。

　この設問に寄せられた一般的な意見は、学内での専門的知識の活用は、大学からとくに感謝や奨励をされないことが多いというものだった。代表的な匿名のコメントは次のようなものだ。

「私はこれらの活動の多くに携わっているが、これは大学が主導したものではない。率直に言って、大学側は私が何をしているのか、おそらく知らないだろう。私はメンターを務めているが、これは大学から頼まれたことではない。メンター役を引き受けるのは教授としての道義的義務

表6-3　大学による教授の専門知識の活用方法（重要または非常に重要と回答した割合）

研究または技術革新のプロジェクトやグループのリーダー役	79（%）
経験の浅い研究者や教員のメンター役	75
学内委員会での貢献	62
学外との関係強化	58
学外における自大学の代表	54
大学執行部への専門的見地からのアドバイス	33

感からであり、周りがそれを喜んでくれるからだ。彼らが相談にのって
ほしいと、私のところにやってくるのだ。」

（質問紙調査の回答者）

　同様にある回答者は、自分の専門知識が活用される度合いは、所属大学よ
りもむしろ、客員教授を務めている他大学でのほうがはるかに多いと答えた。
このように、教授には所属大学から疎外されているという感覚がはっきりと
見受けられた。教授は、外部資金を獲得したり、国際的専門誌に発表したり
する人材だとみなされており、学内の活動に重要な貢献をする人とは思われ
ていない。このように、彼らの職業的アイデンティティや名声は、主に所属
大学の塀の外側に存在しているとみなされている。

　このような認識は、共同体内の役割に関してロバート・マートンが提示し
たローカル派とコスモポリタン派の明確な特徴を想起させる（Merton, 1947）。
マートンが提起した特徴は、さらにアルヴィン・グルドナーが公的な組織の
メンバーシップに関連させて発展させた。マートンによると、コスモポリタ
ン派は高度な専門スキルと知識を有し、所属組織のメンバーとしてよりも、
外部の準拠集団にこそ強い一体感をもつ。また、彼らは組織への帰属意識が
低い。それに対してローカル派は、専門に特化した役割スキルをあまり発揮
しないが、雇用されている組織にはきわめて忠実であり、主に組織内部の準
拠集団と一体感をもつ。グルドナーはこの違いを米国のリベラルアーツカ
レッジの教員に当てはめ、それが学者生活に異なる影響を与えていることを
明らかにした（Gouldner, 1957）。コスモポリタン派は自分の研究をより重視
する傾向にあり、より多くの発表をおこない、知的刺激を学外から受け、自
分から進んで他大学に移籍しようとする。そして、ローカル派に比べて、学
内の知り合いが少ない傾向がある。テニュアトラックの学者を調べた最近の
研究によれば、［ローカル派のように］境界のあるキャリアと［コスモポリタ
ン派のように］境界のないキャリアとの間には、上記と同様の違いが確認さ
れている（Dowd and Kaplan, 2005）。

　所属大学から疎外されることが多いと感じる教授の認識の一端は、大学運
営において彼らの役割が制限されていることにある。とくに1992年以後に設
立された大学の教授は、上位レベルの意思決定から不当に疎外されていると

強く感じている。このことは、かつて1992年以前に設立された大学で働き、
今では1992年以後に設立された大学で働いている教授が最も力説していた。

> 「教授や准教授は、大学運営に関して広範囲にわたって意思決定する何
> らかの運営組織に自動的に所属するべきである。……（そうしないと）
> 大学には営利企業のように経営者や取締役会が設置され、あらゆる意思
> 決定を二流の経営陣がおこなうようになってしまう。」
>
> （腫瘍学 教授）

　一部の教授はさらに踏み込み、自分の意見が求められていないと感じるだ
けでなく、下手に意見を述べれば、「マッチョな」経営文化のなかで村八分
にされる恐れがあると述べた。

> 「大学の公式見解をなぞらずに自分の意見を声高に述べるのは、ばかげ
> ている。そんなことをすれば、将来のキャリアに悪影響となる。」
>
> （マーケティング学 教授）

　多くの点で、コスモポリタン派の特徴は、教授の一般的なイメージを反映
している。彼らは研究に集中する個人であり、学外にいる専門家と一体感を
もちたがるというイメージでとらえられている。極端な言い方をすれば、教
授のこのイメージは、本章の最初で表現した「カウボーイ」（Piercy, 1999, p.
698）などの否定的な言葉が意味するところに行き着く。それは、利己的に
コンサルタント業で稼ぐ反面、教育など学部内の活動にはあまり貢献しない
人物というイメージである。たしかにこれは、学内業務に対する教授の責任
感が欠如していることを示している。英国、香港、ニュージーランド、オー
ストラリアなどの大学では、教授のこうした働き方は研究評価の実施によっ
てむしろ奨励されている。学者にとって研究生産性への期待に応えることは
国際的なプレッシャーとなっている。こうしたコスモポリタン主義は、大学
教授が学内で果たすべき役割を犠牲にしながら報酬や社会的名声を手にする
行為を肯定する結果となっている（Altbach, 2006）。

大学教員職の分裂

　このように、教授であることの意味は、過去20年から30年の間に大きく変化してきた。高等教育が地球規模で拡大する前は、大学の数は比較的限られており、おのずと教授の数も少なかった。教授職に就いた者は学科長としての役割も期待された。なぜなら、教授が属する評議会の場を通じて、学科全体の利害関心を全学向けにアピールすることが不可欠だったからである。しかし、いまや多くの点で事情が変わった。大学の統治は企業的になり、教授職およびその他の大学教員の役割は、権力においても意思決定の影響力においても弱体化している（Harloe and Perry, 2005）。

　筆者がインタビューした多くの人は、大学における自分の役割が限定的であり、孤立することが多いという不満を口にした。同時に、各学科は競争的な環境のなかで、経済的な効率性と価値を示すことを求められており、学科のリーダーとしての運営上の負担は、知のリーダーとしてかつて教授に求められた負担をしのぐようになっている。ただし重要なことに、現代の大学では、個人レベル（論文の被引用度など）および大学レベル（世界ランキングなど）の国際的な成果指標があるがゆえに、研究の役割がはるかに重要になっている。つまり、教員のあり方が分裂するにつれ、教授は主として研究の専門家としてみられるようになり、大学で幅広い学術的役割を務める人とは思われなくなった。多くの分野で現代の研究者には研究資金調達の機会が着実に増えており、その背景には健康科学をとくに重視する公的研究助成機関や慈善団体の増加がある（Grant and Drakich, 2010）。

　大学教員という単語からは、教育や研究をおこない、さらに、大学の委員会の仕事や他者を指導する管理職の仕事など、さまざまな学内貢献的な役割も担う人物を連想しがちである（Kogan *et al.*, 1994）。これまでの標準的な考えは、大学教員はいわゆる万能選手であるというものであった。しかし、このような状況は急激に変わりつつある。こうした伝統的な学者像は崩れ、新しい現実が出現しつつある。実際のところ、万能選手とみなせるような学者はますます少なくなっている。大学では教員のキャリアパスが多様化し、そ

の役割や肩書きをどこまで認めうるかという範囲が広がりつつある。英国の大学では、「教育と研究に関する助手およびフェロー、研究または教育のみを担当する教員、教務専門職、学習・教育コーディネーター、学術コンサルタント、企業からの受託研究員、研究部長、教育部長」など多様な職種が伝統的な教授に加えて登場した（Strike, 2010, p.91）。2008年から2009年にかけて、英国の大学の契約で雇用された教員のうち、教育と研究の両方を職務とする者は51.7%のみであった（HESA, 2011）。米国では、1990年代に新たな契約を結んだ常勤の大学教職員の半分以上はテニュアをもたず、有期雇用であった（Finkelstein and Schuster, 2001）。これらのデータは、大学教授職が専門的役割に細分化され、教育者と研究者という二本の道が並行する状態になっていることを示している（Macfarlane, 2011c）。

　大学はいまや、教授でない教員に教育をかなり依存するようになった。これまでもある程度はみられたことではあるが、今では研究重視と技術進歩を是とする風潮により、さらに深刻さを増している。学術上の機能は、ますます増える補助的学者（para-academics）、すなわち学究生活のある一面だけに特化した専門家に下請けに出されるようになってきている。補助的学者の役割が今日過剰なほど増えつつあるのは、こうした責任委譲によるところが大きい（Coaldrake, 2000）。補助的な学者は、教育、研究、学内貢献のいずれかに特化した機能を果たしている。なかには、博士課程の学生が教育をおこなうこともあり、非常勤講師、複数の仕事のかけもち（Brown and Gold, 2007）、あるいは非正規雇用の人もいる。ここで強調しておきたいのは、補助的学者は補助役割を果たすことだけが生業ではないということである。補助的学者の存在が必要となったのは、専任教授のおこなう研究が細分化し、同時に経営職コースが創設されたことと関係している。修業中の技術者と研究型教授には学術的名声において大きな差があるが、どちらも専門に特化する仕事であり、万能選手型ではない。

　十分な学識をもっていないとみなされた学者や、発表成果が不十分な学者は、教育活動のみの契約になるかもしれない。学者のこのような細分化は、研究面でも同様に起きている。大学が教授団の成功と生産性向上をねらって、外部資金稼ぎの専門家や研究管理のための専門スタッフを雇用するからである。これこそが、教育上の責任を担わない、あるいは管理運営上の責任を担

わない研究型教授を創り出す背景であり、次の節で詳しく述べる。学内貢献や管理運営的な役割については、いまや、識字障がいアドバイザー、ファカルティ・ディベロッパー、学生カウンセラーなど、多くの補助的学者が担い、学生や教職員をサポートしている。

　教授の役割が分裂していることに関連する問題の一つは、公式な役割は再定義できるかもしれないが、関係者個々の職業意識は容易に変わらないことである。その結果、高等教育機関で働く多くの人の「自己認識」と「公的な役割」は一致しなくなる。教育者としての役割のみを任命された者であっても、知識生産やコミュニケーションのために、関心ある分野あるいは何らかの専門知識の世界に、多少なりとも没頭したいであろう。しかし、このような活動は、この人物の公的な契約からは排除されている。学者生活の中心が研究分野にあることは広く認知されている（Henkel, 2000）。研究者として新しい知識を生産し、それに関連する専門知識に基づく教育をおこなうことも含まれる。

　大学全体の圧力により、学者の役割は狭められつつあり、教育と管理運営の機能は縮小しつつある。あるいは、教員や管理運営者に特化した機能に追いやられ、研究の役割がしぼみかけている学者もいる。大学の業界用語で、補助的学者という言葉がますます使われるようになっている。とくにカナダや米国の大学では、こうした補助的学者は、教員能力開発や教育推進のためのセンターなど、教授・学習プロセスの充実を図る運営組織に雇用されていることが多い。

　大学組織において補助的学者という言葉が限定的に用いられている現状は、学者の役割がますます専門化していることと矛盾する。この用語が該当するのは、「正式な（de jure）」補助的学者と呼ばれる人に限られる傾向がある。正式な補助的学者とは、学習テクノロジーの専門家のように、公的な職務内容記述書のなかに、実際に果たす特定の役割がきちんと明記されている人のことである。その他の人は「事実上の（de facto）」補助的学者と呼ぶのが本来ふさわしい。彼らは公的には職務を限定しない学者として雇用されているが、実際の職務は特定内容に限られている。その具体例としては［英国等における］講師の存在を挙げることができる。講師は公的には教育、研究、学内貢献をおこなう存在として雇用されているが、研究活動は活発でなく、学

内貢献もほとんどなく、むしろほかの補助的学者（個人チューター、教育ディ
ベロッパー、キャリアアドバイザーなど）の存在に頼っている。このような
タイプの学者は教師以外の何者でもない。同様に、管理職に就いている多く
の学者は、結果的に教育職と研究職を放棄しており、事実上の補助的学者に
なっている。ただし、彼らは年金受給に必要な「教育と研究」枠の雇用契約
は保持している。しかし実質的には管理職に専念している。このような状況
がとくに当てはまるのは、学科長、学部長、さらに、ほかの上級管理職が輪
番制ではなく任期なしとなっている場合である。そうしたケースは、1992年
以後に設立された英国の大学に最も多くみられる。

変容するアイデンティティ

　大学教授職は分裂する傾向にあり、大学教員を新たに分類するためのラベ
ルが必要となっている。この新しいラベルは、教育、研究、研究の実用化、
リーダーシップ、管理運営といった方向性に基づくものである。教育活動、
一定の研究活動、学内外のサービス業務をほぼ同等の割合でおこなう「古典
的な学者（classic academic）」に加えて、今日の大学教員は「起業家的な研
究者（entrepreneurial researcher）」、「サービスに取り組む学者（engaged aca-
demic）」、「専門分野の研究リーダー（disciplinary research leader）」など、さ
まざまな役割に分裂している（Coates and Goedegebuure, 2010）。

　これらの変化は、多様な類型の学者がいるのと同様に、教授にもさまざま
な類型があることを意味している。「古典的教授（classic professor）」は、研
究と教育をおこない、多くは学科長の役割も務める。このような教授の類型
は、教授の数が少なく、学科にほぼ一人しか教授がいないなど、管理運営責
任にそれほど拘束されなかった時代にさかのぼる。また、学究生活が今日ほ
ど研究と成果発表に支配されておらず、学者の関心がもっと多様で、教える
ことが中心だった時代背景とも関係している（Halsey and Trow, 1971；Wilson,
1979）。過去20年の間に、大学が研究重視の組織へと変貌し、教授に求めら
れる役割は万能選手ではなくなった。パーカーの研究によると、「専門分野
をもつ万能選手」という種別は、教授になる「経路」の14％を占めるにすぎ

なかった（Parker, 2008）。

　このことは、古典的教授や万能型の教授が絶滅危惧種であることを意味する。「研究型教授（research professor）」は、国を挙げて研究評価活動を行っている英国、オーストラリアなどにおいて、古典的教授にとって代わり台頭しつつある。同時に、優れた国際的業績を有し、研究費を稼ぐ能力が高く、被引用度の高い研究者が大学を移籍するための市場は拡大しつつある。研究型教授という言葉は、たとえば教育とサービスを主に期待されているほかの教授と区別するために、いまや世界中で実際に広く使われている。筆者の調査に応じた匿名の回答者の一人は、古典的教授から研究型教授への移行について次のように説明してくれた。

　　「以前は古い教授のモデルがあったと思う。それは当然ながら、研究を
　　活発におこない、知識が豊富で、知的刺激を与える教育者でもあり、同
　　僚のロールモデルであった。また、広く社会に関与し、敏腕で有能な管
　　理職でもあった。私の学問分野で任命されたほとんどの教員をみる限り、
　　今ではこのようなモデルは消滅してしまった。今では、教授の役割はもっ
　　と専門に特化している。最後の最後まで現役バリバリの研究者であると
　　みなされる必要があるのだ。これは多くの教授にとって無茶な注文だ。」

　　　　　　　　　　　　　　　　　　　　　　　　　　　（質問紙調査の回答者）

　「看板教授（star professor）」とは、非常に高い研究成果を出している研究型教授のことであり、大学が研究上の評判やランクを上げるべく、引き抜きをすることが多い。個人単位で任命される教授職よりも、基幹講座に属する教授職のほうが、看板教授とみなされやすい（第5章参照）。なぜなら、基幹講座の教授ポストは比較的少なく、このポストに就くのはより難しいからである。英国の由緒ある大学に存在する勅任教授も、このカテゴリーに確実に当てはまるだろう。勅任教授は英国で最も羨望されるポストだからである。カナダ、フランス、南アフリカ、オーストラリア、ニュージーランドといった国々では、有能な研究者の流出を防ぐために権威ある国家計画が策定された。「カナダ研究教授」プログラムはこうした計画の一つで、カナダ連邦政府が九億カナダドルの資金を投じて2000年に立ち上げ、カナダの大学に2,000

もの研究専門の教授ポストを創設しようとしたものである（Grant and Drakich, 2010）。また、2008年にオーストラリア政府が立ち上げた「未来へのフェローシップ」という計画がある。この計画は、国家的な重要性が大きいとみなされる分野の研究を促進し、人材流出を防ぐだけでなく、有能な研究者を獲得することを目的にしている。グローバル化によって、大学教員の国際的移動が広がり、研究成果、研究費獲得能力、および学術的名声を基盤にして、看板教授は最も流動する存在となっている。

　さらに、少なくとも二つのタイプの教授が存在している。一つは「実務型教授（practice professor）」である。これは、医学、歯学、法学、建築学、ジャーナリズムのようなビジネス分野など、応用的な学問分野あるいは専門職の出身者であり、現在でも母体となる専門職を主たる活動基盤としている教授のことである。彼らは研究者というよりも、むしろ教育者としてより重要な役割を果たす傾向にある。大学の管理経営面においては、彼らと大学とのかかわりは限られており、古典的教授やおそらく研究型教授よりも貢献度は小さい。もう一つのタイプは「管理経営型教授（managerial professor）」である。彼らは、学科、学部、あるいは大学のリーダーという公的な役割を担っている。大学は、学科長、学部長、執行部メンバー（学長、副学長など）などの役職者を、任期なし、あるいは少なくとも三年から五年の任期で任命するようになってきた。彼らは大学の管理経営やリーダーとしての職務に忙殺され、重要な研究活動や教育活動は例外なく継続を妨げられる。ただし、古典的教授の役割をかろうじて維持している例外的な人もいる。これら五つの役割をまとめると、表6-4のようになる。

第6章の結び

　教授職の専門分化は、高等教育が大衆化し、大学が研究成果や研究費獲得を重視した帰結である。そのことが教授という言葉の空洞化をもたらしている。いまや、多くの教授は自分を研究の専門家であり、ときに管理運営もしくは教育をおこなう存在であると認識している。それでも、筆者のインタビューや質問紙の回答者の大部分は、教授の役割を古典的教授像のままに保

表6-4　教授役割の分裂

古典的教授	万能型の教授。教育、研究に加えて、任期なしの学科長、もしくは輪番制の学科長として学内で重要なリーダーシップを果たす。いまや減少しつつある。
研究型教授	優れた研究者。重要な研究成果、研究費獲得の実績を有する。教育と学内外のサービス業務もあるが、主要な役割ではない。標準的な類型として急速に普及している。
看板教授	一流の研究重点型教授。名声と地位向上を求める野心的な大学または世界の一流大学によって引き抜かれることが多い。通常、教育や学内貢献業務はほとんど求められない。
実務型教授	主に実務的な分野（医学、歯学、建築学、ビジネス、ジャーナリズムなど）の教授ポストに含まれることが多い。応用的な場面における教育に重要な役割を果たす。
管理経営型教授	学部長などの上級管理職あるいは大学執行部（学長、副学長など）。研究や教育はもはや活発ではないが、教授の肩書きは保持している。

持していた。つまり、あらゆる面の専門知識を有し、それらを基盤として貢献できる人のことであると考えていた。これは彼らの自己像かもしれないが、現実は急速に変わりつつある。現代の大学教授が学内でリーダーシップを発揮することを難しくしている。大学の管理経営のための専門集団が登場してきたことで、職歴の比較的早い段階で学内リーダーシップの仕事に専念する決断をする者も現れている。

　多くの教授、とくに公的な管理職に就いていない教授は、大学内で疎外感や断絶感、ときには孤立感を抱いている。これは、自分が現在適応しなければならない専門化された役割のせいでもある。このような断絶感が示すのは、教授のリーダーとしての役割を再定義し、新たな意味を付与することの重要性である。教授は活動のバランスをいかにとるべきか、また、学問の自由と学者の責務に関する特質をどのように発展させるべきか。次の二つの章では、知のリーダーとしての教授の役割を再定義していこう。

二つの自由 批評と提唱

　本章と次の第8章では、高等教育における知のリーダーを形成する二つの次元について考察する。いくつかの特徴や特性を、学問の自由(academic freedom)に関するものと、学者の責務（academic duty）に関するものとに分類しながら確認していこう。ここで主張したいことは、知のリーダーとしての教授は、学問の自由と学者の責務の双方が求める特性や気質をバランスよく備えていなければならないということである。本章では、学問の自由における二つの特徴の重要性について説明する。知のリーダーシップをとるために不可欠なこれら二つとは、「批評者（critic）」であり、「提唱者（advocate）」であることである。

　これらの特徴は、学問分野間あるいは学究生活と市民生活の間のような従来の境界を越えようとする試みを通じて、統合される。これは、名を成そうといった類のものではない。アイディアを発展させたり、世界を理解する方法を推進したりすることであり、それによって、物理的、社会的、ないし経済的幸福という点で人々の生活に変化をもたらすことである。知のリーダーシップを発揮できるかは、まずもって、知識人が通常持ち合わせているような資質を有しているかによる。これらの資質は自由の行使に欠かせないが、それは知のリーダーを形成する要因の一部分でしかない。知のリーダーであるためには、第8章に述べる責務の履行と個人の自由の行使とが必要である。

学問の自由と学者の責務の関係は、大学における知のリーダーシップの意味を理解するうえで緊要である。それらは相互に関連し、また、相互に依存し合っている。

学問の自由

　学問の自由と学者の責務は、コインの裏表である（Kennedy, 1997）。一方は他方の必然的帰結である。学問の自由を守るのは学者の責務であり、学問の自由もまた学者の責務に依存している。前者は、大学組織を統治するという観点から説明できるだろう。大学内の学者コミュニティの利益のために同僚の選挙に参加することは、学者として最低限の責務である。これは、あらゆる社会における市民としての基本である、社会参画に相似している。個人は、統治のための民主的プロセスに関与することを求められるのである。

　そのほかの自由、とくに言論の自由を守るためには、さらなる勇気や関与が必要である。誰かが言論の自由の行使を妨げられたり、学者の役割として発した自由な言論に対して罰せられたりしたときに抗議の声をあげることは、ほかの学者の責務である。学問の自由も、学者の責務に依存している。学者の責務なくして、学問の自由はない。この点については、論文刊行にあたってほかの学者が読んで批評するという、査読の過程を考えると理解できるだろう。この過程、ひいては、時間とエネルギーを仲間や学問分野の発展のために費やそうとする学者の意思がなければ、学者が自分の研究を［他者に］伝えるシステムが崩壊してしまう。そのため、より個人主義的な行動へと学者を追いこむことは、査読のような共同体的な活動を衰退させ、学問の自由と学者の責務とのバランスを脅かすことになる。

　学問の自由こそが、学者のアイデンティティの「要」となる概念であろう。学問の自由の意味するところは、多くの文献において議論され、発展を遂げてきた。学問の自由とは、創造と批評に不可欠な、思考と表現の自由である。とりわけ、懲罰と資金に対する恐怖からの自由である。とくに大学教授は、影響力あるいは権力のある者の意見と対立する見解を述べただけで、失職したり（または罰を受けたり）すべきではない。エドワード・サイード（Said,

1994)の表現を借りるならば、権力に対する真実の表明である。この表現の自由の範囲が教授の専門知識の範囲を越えるべきか否かについては、議論の余地がある。なかには、見解は専門分野の範囲内に留めておくべきであるという者もいる（Karran, 2009；Johnson, 1988など）。自分の学問分野を越えた、いわゆる「境界外の発言と行動（extramural utterance and action）」（AAUP, 1915, p.292）を行使する権利は、第9章で述べるように1915年に米国大学教授協会によって主張された。これは、公共の論壇において大学教授が自分の学問分野外のことについても発言する法的権利を有するという主張の基礎となっている。しかし、境界外の自由に対する権利については、いまだ論争がある。

　学問の自由の基本原理は、大学が政府や広く社会に対して公平な助言を提供できるように保障するというものである。とりわけ国家から介入されることがないという自由は、最終的には国家の利益に資することになる。これは1836年のベルリン大学創立におけるヴィルヘルム・フォン・フンボルトの主張であり、高等教育、とくに米国の高等教育におけるその後のフンボルト理念の広まりを支える根本原理である。要するに、知識とアイディアをもつ人々から潜在する利益を最大限に得たいのであれば、安全な環境を築いて、彼らの議論、実験、思考を自由ならしめることである。これこそが大学の姿である。

　学問の自由は、［学者の］自己愛的な概念として示されることがあまりに多い。ほぼすべての定義が、大学教員には自分の学問分野内外のことについて教える自由、探究する自由、そして、意見を述べる自由が約束されているという前提に基づいている。ドイツでは伝統的に、Lernfreiheit の原則、すなわち学ぶ自由の原則として、学問の自由が学生にも拡張されているが、このことはほとんど文献で触れられていない。コンラッド・ラッセルの著書『学問の自由（*Academic Freedom*）』（Russell, 1993）においては、学生についての記述が一切なく、この側面が明らかに抜け落ちている。英国では教育改革法（1988）において、学生ではなく大学教員［の自由］が保障されたことにより、学問の自由の自己愛的側面が強化された。この法律では、大学教員が「新しいアイディアや、物議をかもす意見、評判のよくない意見を出す」（Section 202［2］）ことがあっても、その仕事は危機にさらされてはならないと定め

1

ている。

　大学は従来から、自由な思考や現状批判の灯台のようなものとみなされてきた。民主主義的価値観がなかったり、十分に確立されていなかったり、あるいは脅威にさらされている国ならば、なおさらである。しかし、民主主義的価値観が十分に確立していると考えられている国でも、学問の自由が話題にならないことはめったにない。米国や英国において、種々の専門家団体やロビーグループは、大学教員が自らの自由を侵害されている事例への注目を強めている。こうした団体としては、米国大学教授協会、危機に立つ学者ネットワーク、学問の自由のための学者団、学問の自由と学問基準のための評議会などがある。

　学問の自由に対する脅威は、率直な意見の表明に対して、単に罰を科したり、これを妨害したりするのではなく、より微妙で狡猾な方法をとりうる。たとえば、企業体のような組織経営がなされる大学は、学術的知識の普及を制限しているとして批判されている。知的財産権の保護を強めたり、市場に影響しうる科学研究成果を公表させないような資金提供者と取引したりするからである。また別の、学問の自由に対する狡猾な破壊として、大学教員は現在の大学統治の形態に参画しなければならないとすることによって［学問の］機会を制限するということが、英国の「ポスト1992大学」をはじめ随所にみられる。テニュアをもつ大学教員（短期契約ではなく終身契約を結んだ大学教員）の割合は、この40年間に多くの国において大幅に減少した。米国の［大学における］教育研究職は、1970年代半ばには三分の二が終身契約であったところが、今は約三分の一にまで下落している（Nelson, 2010）。このような雇用形態の変化は、自分たちの大学の経営の問題などについて声をあげる学者の割合に影響を与えると考えられる。そのようなことをすると、テニュアを得たり契約を更新したりする可能性が危ぶまれるからである。またこのような恐れが、知らず知らずのうちに、自己規制や「自己検閲」をもたらすかもしれない（Horowitz, 1963）。さらに、高等教育の世界的拡大は、いまや、民主主義の伝統がほとんどない国にも大学を誕生させている。そのような環境では、学者がドイツ的伝統に基づく学問の自由をもっているかどうか、疑わしい。

批評者としての教授

　世界についての我々の共通認識は時代とともに移り変わる。この変化は、ときに急激なこともあるが、ほとんどの場合は、徐々に起こる「パラダイムシフト」によってもたらされる。トーマス・クーン（Kuhn, 1962）がつくったこの言葉は、世界についてのある概念的視点が別の視点に置き換わることをさす。チャールズ・ダーウィンはその業績によって、進化の過程についての人々の考え方を変えた。ジョン・メイナード・ケインズは、失業などの経済問題についての考え方と、そのような問題に対する政府の取り組み方を変えた。同様に、ヴィルヘルム・ヴントやジャン・ピアジェなどの認知心理学者は、心理学は観察プロセスを通してのみ科学的に研究できるという考え方に異議を唱え、成功を収めた。カール・マルクスは、生産［手段／資本］の社会的共有を基にした新しいパラダイムを示し、資本主義に対する人々の考え方に根本的な影響を与えた。最近では、人々の活動が世界の気象パターンの変化にどの程度影響を与えているかについての議論が、気候変動に関する論争の下支えとなっている。新しいパラダイムは、現れたかに思われては、その信憑性を疑問視する者によって批判されてきた。

　パラダイムシフトをもたらす学者はほとんどいないが、支配的な理論や信念に対して批判的な姿勢をとる者は多くいる。先人に倣い、世界に関する優勢な理論、概念、または一連の前提に対する批判に、わずかながらも自分なりの貢献をするのである。大きなパラダイムシフトをもたらした者が依拠したり引用したりするのは、さして大きな影響力はないけれども、理論的に「正しい」と感じた先駆者であることが多い。たとえば、経済学者のケインズが著した非常に大きな影響をもつ『一般理論（General Theory）』では、市場の動向は経済のなかで理解されるという点について、セイの法則の優勢を批判したジョン・A・ホブソンに言及している。

　知のリーダーであるためには、必ずしもパラダイムシフトをもたらす必要はないが、今までになく革新的なアイディア、概念、理論、モデルをある程度は示すことが必要である。そのためには、いかなる先行研究があり、それ

らはどのように批評されてきたかについて向き合うことが相応に求められる。
これは、単に否定的または破壊的なものではなく、一般的見識を疑ったり、
経験的証拠や常識的概念を審問したりするものでなければならない。実際、
このような行動こそが「高等」教育を擁することの本質的な意義である（Bar-
nett, 1990）。大学教育に携わる多くの者（すべてでないとしても）が、学生
に対し、自分で考え、理論的および専門的知識を批判的に検証する手助けを
していると主張するだろう。

　ときには、個人が批評者の役割に大きく関与する場合もある。オックス
フォード大学において、「公衆の科学理解講座」教授を務めたリチャード・
ドーキンスは、創造論[1]および社会における宗教の役割に対する批評者とし
て有名である。ドーキンスは、『利己的な遺伝子（*The Selfish Gene*）』（Dawk-
ins, 1976）や、最近では、人格神の存在を否定する強力な証拠があると主張
したベストセラー『神は妄想である（*The God Delusion*）』（Dawkins, 2006）
など、いくつもの影響力のある本を著している。ドーキンスに向けられた批
判の一つは、第2章に述べたとおり、宗教という進化生物学の教授としては
直接の専門分野にあたらない事柄について、著述していることである。たと
えば、著名な文芸批評家であるテリー・イーグルトンは、『神は妄想である』
に対する批評のなかで、次のような辛辣な意見を述べている。

　　『イギリスの鳥の本』に基づく知識しかない者が生物学について弁舌を
　　ふるっていることを想像してみれば、神学に関するリチャード・ドーキ
　　ンスの本を読むことがどのようなものか、見当がつくだろう。

（Eagleton, 2006, p.32）

　宗教的信条に対するドーキンスの批判に賛成かどうかはさておき、知の
リーダーシップの観点からここで議論すべきは、著述している話題が専門分
野と一致していない場合でも、その著者に批評者として正統性があるかどう
かである。進化生物学と宇宙の創造主としての神の役割に関する議論との間
には、19世紀のダーウィンの『種の起源（*On the Origin of Species*）』出版以

1）神による天地創造を信じる立場やその言説。

来、密接な関係がある。しかしドーキンスに対する批判は、大学教授は学問分野に基づく専門家であるとする現在の代表的な考え方によるのであり、公衆に対する解説者や批評者としての正統な役割を有するという認識はない。

　現代の教授は、自分の役割が、自分の直近の専門分野を越えて公共の政策や討論にまで踏みこむドーキンスのような役割であるとは、まず考えていない。このような役割は、公共の知識人（public intellectual）の役割とされる（第9章参照）。私たちは、一元的大学（university）ではなく多元的大学（multiversity）、つまり単一のコミュニティではなく、専門分化した研究の関心に基づいてそれぞれが閉ざされたコミュニティに住んでいる。

> [大学は］統一体ではなく、複数で構成されている。たとえば、学部生コミュニティと大学院生コミュニティ。人文学コミュニティ、社会科学コミュニティ、そして科学コミュニティ。専門職養成課程ごとのコミュニティ。ノンアカデミック[2]のコミュニティ。事務職員コミュニティ。
>
> （Kerr, 2008, p.50）

　これは、アラン・ブルームが指摘した人文系と理系の「分離の現実」（Bloom, 1987, p.349）に通じるものである。カントが、自然科学者としても哲学者としても知識や影響を顕著に行使して以降のことである。アルベルト・アインシュタインは、著名な物理学者であるだけでなく、科学の歴史や哲学にも貢献した。しかし、現代の教授は、科学、芸術、人文学の多くの分野にわたる知識を保有するルネサンス的博識家ではなく、特定分野の専門家である。このように現代の学問知識が細分化することによって、自分の直接の専門の外にある分野について教授が批評することの正統性は、ますます疑問視されることになるのである。

> ほとんどの大学教授は専門家であって、自分の学問分野にしか関与せず、あくまでも自分の専門分野の発展に関心を有し、専門家としての優秀さが報われるところで出世を考えている。　　　　　　（Bloom, 1987, p.339）

2）教員でも事務職員でもない第三領域の職。

　学者による批評は、学問に根ざした社会運動において提示され、既存の学問分野に疑問を投げかけることもある。好例がフェミニスト研究である。19世紀から20世紀にかけて、男女同等の政治的権利に多くの注目が集まった。フェミニストによる活動と学問の第二波では、政治的権利よりも、社会的・文化的不平等への取り組みに注目が集まった。この時代においてフェミニストの立場をとる学者は、1960年代半ばから後半に大学院教育を終えており、自分の学問分野における伝統的分析法や理解方法に対して異議を唱えた。それらは、女性を不利にするように根ざしている社会や権力への視座を考慮しないことが多かったのである。

　パトリシア・ガムポートは『*Academic Pathfinders*』（Gumport, 2002）という著書のなかで、学者を先駆者（forerunner）、開拓者（pathfinder）、道を歩む者（pathtaker）という三種類に見事に区分してみせた。先駆者は、いわゆる第二波フェミニズムよりも前に大学教員としての地位を築いた女性の学者で、フェミニスト研究の新局面に対する自身の姿勢が曖昧であった。開拓者は、政治色が強く、社会運動と学識とを融合しようとした。開拓者は、フェミニストの観点を展開することにより、自身の学問分野を批評し、変革しようとした。先駆者が、より伝統的な学者からの激しい批判にもかかわらず、新しい女性学分野の創設に力を注いでいた時分である。ガムポートが三つめに挙げたのは、道を歩む者である。開拓者が、フェミニスト研究に対する学術界からの承認と敬意を得るべく戦ったのに対し、道を歩む者は、このような考え方を学者として展開するのか、あるいは無視するのかを選択できる立場にある、新世代であった。フェミニスト的な分析方法は、いまや一般化され、政治的活動とそれほど密接に関連しなくなったといえる。ここに、批評者であることと、何かの提唱者であることを結びつける、より広い視点がある。ガムポートは、次のように述べている。

　　大学教員が知識を創造したいと熱望するならば、独自の方策で開拓者になる必要がある。未踏の領域を通して、あるいは未踏の分野に入って、方策を探しだすプロセスに参加しなければならない。

（Gumport, 2002, p.xiii）

　批評者について理解すべきは、その活動する文脈は多様であり、学問分野に閉じた世界から、学問分野と政治や社会が交わる応用的・社会的状況にまでわたるということである。フランスでは伝統的に、公共圏で知識人が批評者として振る舞うことは、正統な役割として受け容れられている。しかし、すべての文化がこのことを是認しているわけではなく、英国には正反対の傾向がある。学者は公共圏に関与するよう促されてはいるものの、彼らの役割は主に、企業、政府あるいは地域コミュニティの利益になるよう自分の専門知識を利用することである。

　大学は、知識移転政策を促進することにより、このように［学者が］限定的に関与するという形態を強化してきた。学者は、企業、政府、および社会に対して受け身で最大限に奉仕すべきであり、その実践、前提、広く受け容れられている価値を批判すべきではないという考えによるものである。2009年、英国薬物乱用諮問委員会の委員長であったデビッド・ナット教授は、大麻をCクラスからBクラスに再分類した政府の決定を批判した（Gossop and Hall, 2009）。ナット教授は、薬物の分類に政治色が入っており、分類に関する決定が証拠に基づいていないと主張した。この意見に立腹した政府のアラン・ジョンソン大臣は、ナット教授への信頼を失ったと述べ、彼を解任した。この大臣が、政府に仕え、忠誠を尽くすことが学者の役割であると考えていたことは明白である。教授は、飼い主の手を噛んではならないのである。

　大切なことは、本章で扱ってきた知識人の特徴について、現代の多くの学者が実践しているもの、すなわち自然科学において伝統的になされてきたようなデータ収集を必要としないことを心に留めておくことである。人文科学や社会科学の学者にとって、この重要性はとくに顕著である。実証的研究は多くの分野、とくに科学分野の学問的探究の重要な要素であるが、知識人のアイデンティティを定める「必要条件」ではない。学問的探究はそもそも、知識の探求と同じく知恵の探求にも主眼を置くものである（Maxwell, 2009）。ニコラス・マックスウェルは、大学が技術発展を主目的にすえて知識の習得や応用に心を奪われすぎていると主張している（Maxwell, 2009）。マックスウェルは、知識の探求は真実の発見に焦点があるが、「感情や願望、価値観、理想、政治的・宗教的見解、希望や恐れの表現、苦痛の叫びなど」（Maxwell, 2009, p.4）を犠牲にしているという。知識探求のプロセスにおいて、知識の

応用に関連する社会的・政治的な考慮を排除することは非論理的であり、人類の幸福のためにならないという考えである。それよりも、マックスウェルは、問題に焦点を定めた「知恵の探求」と彼が名づけるものに対して、より大きな関心をはらうべきであると主張している。

　したがって、開拓者になるには、単なる実証的研究者であるだけでは不十分である。必ずしもすべての研究者が、世界に対する自身の前提や自分の学問分野の伝統的知見に疑問を呈するわけではない。それには、勇気が必要であり、知性だけでは不十分である（Macfarlane, 2009）。自立した思考とリスクを負う覚悟が必要である。また、学問分野の慣習や学問分野間の境界を打ち破る覚悟も必要である。分野によっては、パラダイムがきわめて強固に確立されていたり、発展していたりする。そのようなきわめて高度に発展したパラダイムをもつ学問分野では、一定の合意形成を図りやすく、反対意見に対する傾聴や許容はまず起こらない。こうした分野では、関心のある対象、研究方法、および説明分析のツールが明確であり、はっきりと定義されている。たとえば、経済学はフェミニストの観点にはあまり寛容ではない（Gumport, 2002）。

　批評できることは学者の特権ではあるが、いかなる特権もそうであるように、濫用されうる。批評の対象であるアイディアまたは実践に対して、創造的な代案を提供せず、単なる破壊的な方法で批評した場合である。学者はたいてい、過激論者とみなされるか、もしくはそのように風刺される。あるとき、学術界に西洋文化の基本的価値観を批判しようという人々が現れたところ、そのような行為はリベラルな大学教育の根底を破壊していると主張する人々からの反撃が起こった（Bloom, 1987 ; Kimball, 1990など）。問題は、とくに人文科学や社会科学におけるポストモダニズム、脱構築論、ポスト構造主義理論の影響により、あらゆる知識は社会的・政治的に構成されたという見解について、学術界に一種の政治的公正（political correctness）が形成された点にある。フランスの歴史家であり哲学者であるミシェル・フーコーをはじめとする多くの理論家が、知識は既得権益を増大させるとしている。このことが大学にもたらしたのは、知識に対する主張を理解する際には性、人種、階級、民族の役割の分析と（再）評価を最重要視するという、新しい正統性である。［前出の］ブルーム（Bloom, 1987）やロジャー・キムボール（Kimball,

1990) といったポストモダニストは、このような分析は西洋啓蒙主義思想の
教典に対する拒絶であると考えている。キムボールはこれを「西洋文化に対
する戦争」（Kimball, 1990, p.15）であると述べている。現代の社会学的観点か
らすると、ブルームやキムボールの主張を保守的で防衛的であるとして片づ
けるのは容易い。しかし、彼らの主張には、学者は破壊的な皮肉屋や批評者
にすぎず、創造性がなく、若者の心を育てることをしないという示唆が込め
られている。

提唱者としての教授

　もし客観的知識などというものはなく、世界は社会的に構築されたものだ
と考えると、新しい知識を主張するすべての者に対して、乗り越えがたい障
壁が新たに築かれることになる。新しい知識を生みだそうとする者は、次の
ような質問に答えなければならない。その議論または主張は、文化的に限定
されたものか。社会的・政治的な既得権益の保護と関係があるか。西洋的観
点に偏っていないか。性差を超えた視点を提供しているか。これらの問いか
けは、一般化可能な主張をしようとする際の基盤を困難なものにする。この
ような問いがある以上、それらへの配慮をプロジェクト設計に反映させやす
い実証的研究という安全な領域に逃げこむ学者が多いのは、それほど驚くこ
とではない。結果的に、現代の大学における研究は、幅広い概念的探求とい
うよりも、おしなべて実証的研究である。ポストモダンの時代において、新
しい知識を主張することは、もはや政治的公正ではなくなっているともいえ
る。

　しかし、新しい知識を主張するという取り組みは、どんなに困難であって
も、学問の自由を行使する際の根幹であり、知のリーダーシップを構成する
ものである。筆者の考えでは、批評するだけでは十分ではない。先行研究を
単に批評するだけでなく、それを超えて、何かを提唱しなければならない。
それが、アイディア、理論、モデル、あるいは言論などの提唱者ということ
である。批評者であることは、それ自体、知識人であることの主要部分であ
るが、それだけでは十分ではない。破壊的な意見だけでなく、建設的な「何

らかの意見」を述べることが重要である。他人のアイディアや概念に迎合しないことも一つの方法である。提唱には、展望や現状に対する代案の提供も含まれる。多くの点で、批評は提唱よりも容易い。なぜなら、新しく提示する理論、モデル、解釈、あるいは計画によって、自分自身の評価を危機にさらす必要がないからである。知識人であることは、理論的かつ社会的・政治的であるような関与をなすことを意味する。独自の理論などを発展させるには、知的な勇気、そしてたいていは道徳的勇気を必要とする。ほとんどの場合、大学教員は批評者であることに満足し、代案を提供することなど考えもしないか、もしくはその勇気がないだろう。知のリーダーであるためには、嫌悪感や不満を示すだけでなく、前向きな課題を提供することが不可欠である。

　何かを主張したり、論じたり、あるいは単純化して述べることは重要だが、C・ライト・ミルズが「概念の結合と分離」（Mills, 1959, p.34）として定義した誇大理論（grand theory）のように、大まかな一般化という罠に陥る危険が必ずある。誇大理論に対する批判とは、概念的主張は実証的基盤を飛び越え、「裸の王様」的疑念をもたらす可能性があることである（Mills, 1959, p.35）。主張に対する研究基盤がない知識人は、スタンドプレーだという批判にさらされやすい。一方、学問的探求の詳細な方法論にとらわれてしまうと、データから読み取るべき、幅広い社会に対する重要なメッセージが埋もれてしまう。このもう一方の極端な例は、ミルズが「抽象的な経験主義」と名づけたもので、統計的または方法論的詳細に焦点を当てることで、本質的な前提または理論から遠ざかったものになるという。この二つの極端な例のバランスをとることは、学者にとっても知識人にとっても重要である。実証的研究は新しい知識を生みだす基盤であるが、その知識が学際的または社会的分析の幅広い枠組みと関連している場合を除いては、特定の学問分野における学識という狭い視野にとどまる可能性が高い。

　提唱とは、学問分野または専門職域の知識基盤と、実際の応用的文脈とを結びつけることである。たとえば、法学の研究には、雇用法、家族法、刑法、国際法といった実用上の細目分野が多くあり、事例史、国家システム、国際条約など、研究対象も幅広い。しかし、法学の研究と提唱される課題との間には明確なつながりがある。提唱される課題には、貧困者のための司法アク

セス、弁護士の職業的実践、難民やセックスワーカーやホームレスといった
社会的弱者への対応などが含まれる（Rhode, 2001）。

　社会学者、ピーター・タウンゼント（1928–2009）は、単なる学者ではなかっ
た。彼は貧困に関する著名な運動家であった。タウンゼント自身、きわめて
貧しい環境で育っている。1930年代にシングルマザーに育てられ、戦間期の
不景気の影響を大きく受けた。彼は、ユニバーシティ・カレッジの奨学金を
得て、のちに学問の世界で成功を収め、1963年、新設されたエセックス大学
の社会学教授になった。彼の一生は、貧困を厳密に研究することと政府の政
策に影響を及ぼす運動に捧げられた。1965年、タウンゼントは、子どもの貧
困アクショングループを設立し、さらに、障がい者連盟も共同設立した。戦
後に貧困の絶対的度合いが低下したとはいえ、健康の不平等あるいは相対的
貧困が悪化したことは、彼の仕事によって立証された。ブラック・レポート
（DHSS, 1980）のなかのタウンゼントの報告は、社会階級による死亡率格差
などの不平等を明るみに出した。タウンゼントのたゆみない提唱は、とくに
保守党が政権を握っていた1980年代には限定的な政治的成功をもたらしたに
すぎないが、彼の活動は国際的に影響を及ぼし、他国でも健康の不平等に関
する同様の研究がなされるようになった。

　タウンゼントの経歴が物語るように、学術的知識は静的で永遠の実体では
なく、学問の分野内や分野間において傑出することを目指して、たえず流動
的な葛藤のなかにある。こうした流動は、応用的な文脈でいわゆるモード2
型知識（Gibbons *et al.*, 1994）が生産される社会内部の変化や、学問分野グルー
プ間の知的議論から影響を受ける。このような文脈では、提唱は攻撃的にも
防衛的にもなりうる。また、女性学など、新しい学問（細目）分野の発展と
いう形態をとることもある（Gumport, 2002）。この過程で開拓者は「自分の
学問分野の内外で、新しい専門性を生みだすことになった」（Gumport, 2002,
p.xiii）のである。1960年代以前になされた、さまざまな社会科学分野におけ
るフェミニスト的な観点と分析が欠如していることに対する批判が、提唱の
先駆けである。これは、批評と提唱がいかに絡み合っているかを示す例であ
る。

　学問の自由と学者の責務とがコインの裏表であると指摘したように、批評
と提唱もまたコインの裏表でなければならない。批評する以上は、代案、す

なわちより適した方法［の提唱］を必ず伴うべきである。ドーキンスは創造
論を遠慮なく批判したが、進化論や人間主義における遺伝子中心の視点につ
いても提唱した。タウンゼントは、絶対的基準に基づく貧困の定義を批判し
たが、相対的基準により貧困を測るという代案を提唱して責任も果たした。
彼は、貧困とは「社会で一般的または慣習的な日常の食事、設備、教育、サー
ビス、および活動が欠如している、または不十分であること」(Townsend,
1979, p.915) と定義したのである。相対的貧困の概念は今では広く認められ
ているが、1960年代には、そのような概念は公共政策に携わる多くの人にとっ
て、目新しいものであった。政治的新右派の人々が1970年代を通じて貧困を
絶対的条件によって定義していたことは、1979年にマーガレット・サッ
チャーによる保守党政権が示しているとおりである (Hickson, 2009)。しかし、
2006年には、デビッド・キャメロンを党首とする野党保守党が、貧困は絶対
的にではなく、相対的に理解しなければならないと認めている (Cameron,
2006)。タウンゼントが相対的貧困という概念を提唱したことや、相対的貧
困レベルについて報告書や著書のなかで提示された証拠が、長年のうちに［政
治上の］方針を変えさせる重要な役割を果たしたのである。

　提唱者であるとは、概念的または理論的で、かつ社会的政治的でもあるよ
うな取り組みをすることである。自分の学問分野または専門職域における提
唱者は、重要なアイディアを説明したり推進したりし、課題について討論し、
概念を世に浸透させる活動をする。提唱の実際はきわめて専門的なものであ
り、たとえば、特定の理論的立場を擁護したり、大衆向けの立場をとりなが
ら自分の学術的関心と社会運動（女性の権利、気候変動、刑罰政策改正など）
を結びつけたりする。提唱者であることは、研究して数多く出版することの
さらに先にある。インタビュー回答者の言葉を借りると、それは大義のため
に戦う「独立の闘士」である。ある見地からすると、提唱者としての教授は、
自身の学問分野において、理論パラダイムの代案が理解され受容されるよう
に推進しているといえる。また、別の見地からすると、提唱者としての教授
とは、大衆向けメディアに関与しながら公共政策の転換を訴える市民活動家
に近いといえる。

　提唱とはまた、多様な人々に対して特定の学問分野の重要性を説明したり、
ときに抗弁したりすることである。多くの人文科学や社会科学の教授が気に

かけていたのは、高等教育がますますビジネス指向になる現代において、それぞれの学問分野と社会との関係性を正当化するよう次第に迫られてきていることであった。それゆえ、自分の学問分野の重要性を説明したり提唱したりすることが、現代における教授の［役割の］重要な一面であるという認識があった。

> 「私たちが（教授として）しなければならないことは、この職業を発展させ、守ることで……私たちは、私たち自身が取り組んでいる知的な内容を守らなければならない。」
>
> （英語学　教授）

　そのためには、パブリック・アウトリーチを実施し、さまざまな行政団体、民間団体、慈善団体と協力して、学問分野または専門職域の知識とスキルを広く公衆の理解を得るために応用する方法を検討しなければならない。先の英語学の教授にとって、その作業とは、ある保健専門職の草創期の文章を分析する自分の研究が、現在の保健専門職の役割といかに関連しているかを説明することであった。この教授はまた、職業的レリバンス（の欠如）という観点にたつ批判から自分の研究テーマを守ろうとしており、「無駄な知識というものはない」と主張していた。

　人文学や社会科学の教授が、自分の学問分野のレリバンスについての公衆の認識を懸念する一方で、自然科学の教授は、複雑なアイディアについての公衆の理解を深めようと尽力することが多い。そのためには、公衆とさまざまな方法でかかわる必要がある。

> 「さまざまなレベルでコミュニケーションをとれることが重要である。科学は非常に複雑な分野なので、それを一般の人々に伝える能力が、私の仕事の重要な部分であると私は思う。……金曜、土曜、日曜と、週末の間ずっと、私は患者との会議に出席し、講演を二件こなし、さらに、専門家会合において患者とその親族からの質問に答えた。」
>
> （腫瘍学　教授）

　学問分野の重要性に対する大衆の理解不足、あるいは共感不足と考えられる事態に対して、教授は知のリーダーとして取り組む必要がある。そのためには、大衆紙に記事を書いたり、ラジオやテレビのインタビューを受けたり、あるいは、学校または企業、およびコミュニティ組織とのつながりをもったりなど、社会に参画する姿勢が求められる。

　批評者と提唱者という大まかな区分で、知的プロセスの重要性について言及してきたが、同様の言説は別の論者によってもなされている。国境を越えて活動する学者、または、いわゆる流動的な学者の学術的アイデンティティに関する研究により、「知識人としての学者（academic intellectuals）」（Kim, 2010）と呼ばれる集団の存在が明らかにされている。これらの人々は、学術活動におけるパラダイムの創造的破壊および再構築に関与しているとされる（Kim, 2010）。これは、［学者が］批評者であり提唱者でもあるときの知的プロセスの説明に類似している。学者の信条を破壊（あるいは、脱構築）するのが批評者、学者の信条を再構築するのが提唱者である。

知の越境

　知のリーダーシップをとることは、単に学問分野の境界内で熱心に批評や提唱をすることに留まらない。専門とする学問分野の快適なゾーンから飛びだしていくことでもある。その際には、複数の学問分野を横断したり、そのプロセスのなかで学術的知識を再定義しようとしたりすることが多い。これはときには、異分野融合（trans-disciplinarity）と呼ばれる。この役割を、知の越境者（boundary transgressor）と名づけよう（第9章参照）。

　大学の環境は、学問分野ごとに学者を組織することを前提としている。これによって、学問分野間の知的境界は強化されがちである。学問分野の境界外にさまよい出る者は、さまざまな方法で罰を受ける。とくに彼らの学識が時流から外れた暁には、資金獲得や刊行の機会が減り、キャリアアップが妨げられることになる。また、学問分野の方法論的規範に違反する者は、さらなる障害に直面する可能性がある。越境者は自分自身の学問分野、あるいは元の学問分野から拒絶され、他分野からも受け入れられないという困難に直

面する可能性がある。学問分野は閉鎖的コミュニティになりがちで、その境界は厳しく監視され、部外者を締めだそうとする。

　しかし、批評者であることと提唱者であることには密接な関連性があり、越境しようとするときに一つになる。それは多くの異なる形態をとりうる。知識人は、学問分野間を越境しようと試み、その過程で新しい専門性をつくりだす。自然科学の世界に関与する社会学者ならば、「越境者（boundary transgressor）」、「ハイブリッド（hybrid）」、「分類困難（classification confuser）」（Bauchspies *et al.*, 2006, p.98）など、さまざまに形容される。もう一つのやりがいのある困難な作業は、方法論の境界を越えることである。とくに、伝統的に「ほとんどの学問分野が、方法論の越境に関して、すばやく境界を取り締まっている」（Gordon, 2009, p.18）なかでは、困難をきわめる作業である。知識人は、たいてい、単一の学問分野の観点ではなく複数の学問分野の観点で活動し、また、討議や普及のために、学問分野内と公共の場との両方を通して活動しようとする点において、越境者でもある。知識人は、知識を個人の財ではなく公共財であるとみなす傾向がある。マンチェスター大学の環境イノベーションマネジメントの教授、ケン・グリーン（1946–2009）は、社会における科学の役割を科学教育のなかに位置づける提唱をした越境者であった。

　　彼が体現した学術的探求の方法は、学際的知識と社会的貢献に基づいていた。この二つの組み合わせは必須でありながら、現在の大学の状況ではますます見えにくくなっているものである。

　　　　　　　　　　　　　　　　　　　　　　　（Reisz, 2009a, p.27）

　発明家と同じように、知識人も越境者でなければならない。彼らは、すでに知っていることをあえて「考慮から外し」たり、新しい経験を待ち望んだりする用意ができている。彼らは、創造性をもち続けるために、従来の考えを捨てる心づもりができている。これは、知識の獲得が認知過程であるのと同時に情意過程でもあることに他ならない。学習とは、従来の考えを新しい考えに置き換えるという意味で「喪失」ともなりうるもので、単に「より多くの」知識を獲得することではない。つまり、新しいことを学ぶとは、置換であり追加ではないという場合がある。この越境者の概念については、知の

リーダーシップの四つの方向の一つとして、第9章で再び取り上げる。

第7章の結び

　批評者であり、提唱者でもあることは、知のリーダーシップの前提条件である。それは教授職の唯一の特権ではなく、それ自体で教授を知のリーダーたらしめるものでもない。しかし、他人からリーダーシップを求められるときには、これらの点は不可欠である。これらの自由については、二つの方法でバランスをとる必要がある。まず、この特権は、合理的な対話の規則を守って行使される必要がある。つまり、他人に対する個人的な、あるいは侮辱的なコメントが許されるということではなく、アイディア、理論、論説に対して批評したり、独創性や知的洞察に対して主張したりすることが許されるだけである。批評は、公正なものでなければならず、可能かつ適切である限りにおいて証拠に基づかなければならない。また、学問の自由は、知のリーダーとしての教授の一面にすぎない。コインの裏側、つまり、学者の責務によって補完され、かつバランスがとれていなければならないのである。次章では、この補完的責務を取り上げ、それが知のリーダーシップにとって重要である理由を説明する。

第8章
四つの責務

前章では、知のリーダーシップにおける自由について取り上げ、批評と提唱をすることで信頼にたる名声を確立することの重要性を述べた。学術界には慣習に囚われない人々がいて、彼らがなしてきた批評や提唱はとても高い評価を得ている。彼らは知識人ではあるが、必ずしも知の「リーダー」とはみなされていない。［知のリーダーは］思想家かつ活動家であるだけでは十分ではないのである。しかしときに、マーチン・トロウ（Trow, 2010a）らが象徴的リーダーシップと呼んだものを体現する学者もいる。そうした学者の考えや人柄は注目の的となり、人々の結集または活動にとって拠りどころになる。しかし、リーダーシップの特質とは、知的な分析をすること、公に意見を述べる勇気や自信をもつことに留まらない。リーダーは、一緒に活動する相手を鼓舞し、相手に奉仕することに献身しなければならない。リーダーには、寛容な精神と他者に奉仕する意志とが必要である。これを学術界に当てはめると、「学者の責務（academic duty）」への貢献と適性と表現できる。

本章では、学者の責務についての主な特徴や特性を検討する。私が実施したインタビューや質問紙調査の結果によれば、それらは「メンター（mentor）」、「守護者（guardian）」、「後ろ盾（enabler）」、「大使（ambassador）」の四つにまとめられる。教授が知のリーダーとみなされるには、学術的業績に基づく高い評価を得ることに加え、これらの役割に真剣に取り組むことが必要であ

る。学者としての成長において個人の成果と業績が強調される状況では、これら四つの特質を自然発生的に期待することはできない。優れたメンターであったり、査読の際に学問分野における水準の維持に努めたりするには、他人への献身が必要である。そのためには、自らの学問分野を発展させることについての経験と道義的献身との両方が必要である。ほとんどの教授（というより、ほとんどの学者）にとって、その役割について正式なトレーニングがなされるのは博士課程だけである。学術界の同僚、博士課程の指導教員などが影響力のあるロールモデルとなり、彼らと一緒に活動することによって、非公式に学ぶこともある。こうした過程で重視されるのは、学者の責務を支える種々のスキルや気質ではなく、ただ学識のみである。この傾向は、人文科学や社会科学において顕著である。ゆえに、学者の責務という特質が所与のものとはなりえないのである。

学者の責務

　学問の自由が、学術的思索においても大衆向けの報道においても多くの注目を集めるのに対し、学者の責務はあまり知られていない。しかしこれも、学究生活の基本であり、学問の自由と同様に欠かせないものである。なぜなら、知識の生産も学生の教育も協働的なプロセスだからである。このプロセスには、すべての基礎となるような同僚制という基盤が必要である。これは「見えざる大学（invisible college）」（Halsey and Trow, 1971 ; Barnett, 1990）に属しているということでもある。すなわち、大学や学問分野の間をつないでいる非公式な関係を通じて、知的人脈を共有しているのである。学者の責務は、自分の学生、身近な同僚、学問分野の同輩、所属大学、さらには、自分の考えを伝えたいと思う市民一般にまで及ぶ（Macfarlane, 2006）。これらの義務を果たす際には、他者の理解を助けようという利他的な姿勢が必要となる。たとえば、学生へのフィードバック、同僚へのメンタリング、投稿論文の査読、大学の委員会の活動、学外での各種審査委員としての仕事、大臣への助言などである。さまざまな学者の責務に基づくこうした活動は、種々の名声を招ぶ。しかし、これらはみな、個人としての研究、出版、有料の相談

業務のような、より利己的で、高い報酬を得られる活動に費やせたであろう時間を犠牲にして、成立している。たとえ単独で研究をしている学者であっても、投稿論文の査読、書評の執筆、自分の学生の就職などにおいて、学問分野を同じくする仲間の学者たちに依存している。学究生活は、つまるところ、協力に依存している。協力がなければ、学術活動そのものが立ちゆかないのである。

　元来、サービスという言葉は、私が学者の責務と表現する活動のようなものを想起させる。市民性ある学者（academic citizenship[1]）という言葉もつくられている（Shils, 1997；Macfarlane, 2006）。しかし、最近の大学は、教育、研究と並ぶ、この第三の使命としてのサービスの重要性に背を向けているように感じられる。よりビジネス志向・商業志向の語彙が大学に入ってきたのである。知識移転あるいは知識交換が、英国、香港、およびその他の国々の大学の使命の一つになっている。政府および助成機関は、この傾向を推し進め、大学が経済的価値を生む実例を求めている。大学は、継続的な公的資金投入に見合う存在であることを示すように迫られている。これらの新しい語彙の問題点は、学者個人が他者に対して「無償奉仕（pro bono）」する責任をもつという観念を崩壊させることである。ビジネスを志向する文化への移行が促され、そこでは社会的・道徳的価値観ではなく商業的価値観によってすべての活動が評価されるのである（第10章参照）。

　それでも、実際に知のリーダーであるためには、学者の責務を果たすことが必要である。すなわち、対価や「代償（quid pro quo）」を必ずしも期待せずに、他人を助けたいと思う気持ちをもたなければならない。それには、無私の精神や他者の発達を促すスキルを要する。つまり、学会のような知的コミュニティの構築に深く参画し、貢献することが必要なのである。

模範となる姿

　学者の責務を、どのように表現できるだろうか。責務を説明する大前提と

1）学術活動の基盤を支えたり、社会貢献に資する活動に従事したりすること、またそのような学者の在りようをさす。

なるのは、大学教授は模範となるべきだということである。教授は、ほかの
学者に対してよい手本となり、ただ平凡な学者ではなく、とても優れた学者
であるとはどういうことかを実践して示さねばならない。そのためには、高
い学術的評価とそれに見合う実績が求められる。これ以外にも、尊敬される
教師であること、リーダーとしての正式な役割をもっていること、あるいは
さまざまな方法で非公式に貢献していることなど、多様な特質が必要だろう。
教授が非公式に他者を導くことは、学者の責務についての暗黙の期待に応え
るものである。

　現代の大学教授は、幅広い活動にわたって模範となるように努めるという
難題を抱えている。教育の地位を向上させようという種々の試みがなされ、
現代の高等教育においては経営管理の責任がますます高まっているにもかか
わらず、ここまでに検討してきたとおり、教授に任命される際にはいまだに
研究者個人の卓越性が決め手となる。第6章で示したように、実際には今、
教授の在りようも多様化している。それでも、私が話をした教授、あるいは
聞き取りをした教授のほとんどが、学者の役割のすべてとはいわなくても、
ほとんどの面について、模範となる必要性があると述べた。彼らは、優れた
研究者であり、刺激を与えられる教師であり、かつ有能な管理者でもありた
いと望んでいる。超越した学者（meta-academics）としての教授という展望
があり、指導者としての信頼を得た手本になろうとしている。教授がその役
割をどのようにとらえているのか、次にいくつかの言を示そう。

　　「生産性が高く、影響力の大きい学者であり、刺激を与えられる教師で
　　あり、管理や経営の能力をもっていて、（任務として明示されているか
　　どうかによらず）同僚の個人的成長や集団としての成長を育むことに心
　　から関心をもつ者。先見性があり、活力にあふれて、楽天的で、内外の
　　事柄に積極的に関与し、国内外の学問の動向についてたえず最新情報を
　　得ている者。」

　　　　　　　　　　　　　　　　　　　　　　　　　　　　　（法学　教授）

　　「（教授は）専門的知識・技能をもつ模範となるべきであり、複雑な学術
　　的業務（研究、教育、管理経営の責務）に取り組む手本でなければなら

ない。」

（歴史学 教授）

「教授は、自分の研究分野のリーダーでなければならない。ということは、教授は自分の講座や学科の管理経営者になることを求められる。教授は優れた教師になる努力もすべきで、さらに、専門とする領域において、学識を高めたり優れた教育をしたりができなければならないと思う。」

（英語学 教授）

「学術面および管理運営面の専門性、資金調達と若いスタッフへの指導、古くからのスタッフの研究を促進すること、国内外での共同研究の確立とそのための資金調達、そして、大学に収入をもたらすこと」

（腫瘍学 教授）

　これらは、教授が学者としてのあらゆる実践において模範になるという、理想的描像である。教授はこれらすべてを実行する能力がなければならないということになる。しかし、これは現実的だろうか。このようには考えず、アカデミック・リーダーシップと管理経営との間には明確な区別が必要であると考える教授もいる。教授は、多方面の能力をもつ者ではなく、特定分野の専門家として定義されるのである。
　質問紙調査やインタビュー調査からは、教授が実際には優れた手本にも反面教師にもなりうるという認識もみられた。他者を支援しようとしなかったり、教育や管理運営の責務を公平に分担しなかったりすれば、その教授は学者の責務を果たしていないとみなされるのである。つまり教授は、［学術界の］佳き一員としての責務も果たさなければならず、ただ自分の研究にだけ関心を向けているわけにはいかないのである。

「人によっては、きわめて自己中心的で、自分の研究活動に役立つことしかしない。」

（工学 教授）

「……教授自身が、本当に興味があるとか、［本人にとって］利益があるとかでなければ、彼らに責任をもって物事をさせることは難しい。さもなければ、チームプレイヤーとして振る舞う姿勢がもともとあるということだ。」

（経営学　教授）

「学部長が（言ったんです）、奴（教授）はすばらしい、『彼をケージに入れておきさえすればいい。そして、週に一度、ケージを揺らして、論文を取りだそう』と。けれども、彼に学生やら誰やらの前で話をさせるなんてことはできない。それに、そのような人を囲っていられるほど、英国内で私の研究分野が大きいとは思えない。」

（会計学　教授）

　模範として行動したり信用を得たりするという考え方は、アラン・ブライマン（Bryman, 2007）が高等教育のリーダーシップに関する文献をメタ分析して明らかにした13の「リーダーの行動」形態のうちの一つに相当する。であるならば、高い学術的評価は前提要件である。模範となることが強く関連するのは、教授になるための適性である。教授で「ある」ことについて、回答者は、さらに別の特質について言及した。

メンターとしての教授

　圧倒的多数の教授が私に話したのは、経験の少ない同僚のメンター[2]になって、彼らの潜在力を促進、育成することの重要性であった。メンターの説明に使用された言葉は、「世話人（facilitator）」、「指南者（guide to others）」、「育成者（nurturer）」など、さまざまであった。とあるインタビュー回答者が述べたことには、メンターとしての現実は「人々に珈琲をおごるための大金」を費やすことであった。詩的な表現によってリーダーとしての自分のモッ

2）相手への助言などを通じて、その人の活動の精神的支柱の役割を果たす人。

トーを述べた、別の回答者もいた。ウェールズの諺である a fo ben, bid bont、すなわち「リーダーになる者は、橋にもならなければならない」を引き合いに、人々の成長を手助けする橋にならなければならないという説明であった。たとえ、そのために組織を犠牲にすることになっても、である。優れたメンターの仕事とは、他者が自分の可能性を自覚する手伝いをすること、そしてその個人的な利益関心を彼らの所属組織のそれよりも優先することだと、考えるのである。メンタリングという言葉は、私が話をした教授、あるいは調査回答者のほぼ全員によって繰り返し使用された。この種の活動とみなされる実践例には、次のようなものがあった。

- ・研究資金についての助言
- ・研究発表の場についての助言
- ・経験の少ない同僚と共同で、博士課程の学生を指導
- ・論文などの共著
- ・経験の少ない同僚と共同で、研究助成金を申請
- ・外部のフェローシップ審査委員［を担当］
- ・同僚の論文または助成金申請が不採択だった場合の再挑戦の手助け
- ・長期的なキャリア形成についての助言

メンターの役割の重要性は、回答者が教授になった年齢と関係があった。職歴の中後期に教授になった者は、この役割をより重要視している。このなかには、自分の学者としての最盛期はすでに過ぎ、学者人生の終わりに近づきつつあると考えている者もおり、それゆえに、自分がこれまでに受けた恩恵を他者に還元する手段として、メンタリングという概念を重要視していた。この傾向は、数人の女性教授のうちにとくに顕著であった。さまざまな形で受けた直接的・間接的な差別のために教授の地位に就くのが遅れ、［学者として］最も生産的な最高の時期をすでに満喫したと感じているのである。彼女たちは、女性を育てることに特段の熱意を注ぎ、次世代の女性学者が教授のガラスの天井を打ち破れるようにと、より多くの機会を与えていた。

　教授が潜在的能力のある同僚を育てることの重要性も、多くの回答者によって指摘された。この役割には、才能のある者を探しだし、正しい方向を

示してみせることや、ときに、同僚に知的リスクを負わせることも含まれる。これについて、あるインタビュー回答者は、「セーフティネットがないと思う状況であっても、当人である同僚に飛びこむ勇気をもたせること」と表現した。ほかにも、この考えを示すコメントには、次のようなものがあった。

　　「……大学の構成員の知的資本を教授の権限において守り、役立てること。」

　　　　　　　　　　　　　　　　　　　　　（コンピュータ科学　教授）

　　「教授は、知のリーダーとなり、他者を動機づけする役割を担うのが当然だと思う……」

　　　　　　　　　　　　　　　　　　　　　　　　　（数学　教授）

　第9章に述べるが、一流教授の訃報記事から、故人が教育や社会貢献の一環でメンターとしての役割を果たしたとわかることがある。たとえば、進化生物学者のマイケル・マジェラス（1954-2009）の功績は、「科学的貢献だけではなく、教育者およびメンターとして次世代の進化生物学者を育てたこと」であると評されている（Reisz, 2009b）。多くの場合、教授のメンター活動の中心は博士課程の学生への指導である。フレッド・ハリディ（1946-2010）は、その経歴において、国際関係論の教授として62人の学生を指導し、成功に導いた（Reisz, 2010b）。

　メンターに関するもう一つの観点は、教授は一種の「緩衝材」としての役割を果たし、組織的要求に起因する内外のプレッシャーから同僚を守るべきであるということである。

　　「私は、同僚や学生が最も活躍できる状況をつくりだす努力をした。そのためにはむしろ、私は、彼らと内外からの圧力との緩衝材になる必要があった……」

　　　　　　　　　　　　　　　　　　　　　（マーケティング学　教授）

　よい学者の特質を示すことがメンターの役割である。これは根本的には、

世代間の衡平を目指す努力であるが、個人的および学術的な遺産を残すことでもある。しかし、メンターの役割には潜在的リスクがある。その一つは、指導を受ける者がメンターに依存しすぎてしまうことである。これは、指導を受ける者が単にメンターから影響を受けるだけでなく、メンターの信奉者になったり、一切の批判をしない弟子になったりするというように、知的な面でも起こりうる。そこで、メンターとしての教授は、指導を受ける者に対して、知的関心や思索の拠りどころについて独立心をもつよう促すことが重要となる。実際には、これをバランスよく成し遂げることは困難である。なぜなら、とくにメンターが博士課程の指導者である場合、メンタリングによって強烈な忠誠心が引き起こされやすいからである。しかし、優れて教育的な関係が必ずそうであるように、学生、つまりこの場合に指導を受ける者が、メンターに知的な面で依存せず、自分自身の意見をもつようになったときが、成功の訪れである。メンターとしての教授は、指導を受ける者がメンターの支援や指南をもはや必要としなくなれば、成功したといえる。

学問の守護者としての教授

　教授のリーダーシップに関する二つめの特質は、学問の基準とそれに関する価値観の守護者（ないし世話役）になることである。たとえば、学問分野または専門職域において確立された信条や慣習などである。経験豊かな学者が、編集を担当するとき、学術誌への投稿論文を査読するとき、あるいは、博士論文の予備審査や査読など、学問分野や専門分野での認知度や昇進を決めるような各種の門番役（gatekeeping）または「無償奉仕の（*pro bono*）」活動を引き受けるときには、優れた学者としての基本的信条を守るという重要な責任がある。

　守護者であることは、［学術界における］善良な市民としての教授の役割の一つである。これは、多くの点で、教授になるときに起こる役割の変化を示している。教授になるためには（たいてい個々に）自身の業績獲得に集中することが大いに必要であるが、教授を務めることは、査読や編集のような応対する義務（reciprocal duty）を引き受けることである。ある程度、これは

自然になされている。研究熱心な学者であれば、教授であるか否かによらず、学問分野において経験を積み知名度が上昇するにつれて、守護者としての義務または責任がますます高まるのが一般的である。しかし、筆者のインタビューや質問の回答者が明らかにしたように、必ずしもすべての教授が、このような「還元」の心づもりをしているわけではない。

　守護者という役割は、暗黙のうちに、学問分野における適切な一連の価値観と学問的基準を、次世代の学者に確実に植えつける。ある教授はこれを、「バトンをつなぐ」願望であると表現した。このとき教授たちは、いわゆる継承計画、つまり自分の研究上の関心事を、自分が定年退職したあとに若い同僚が確実に進めてくれるかどうかを懸念している。メンタリングといくらか重複することであるが、守護者の仕事にもまた、次世代の者が、確立された体制や基準をただ受け継ぐのでなく、確実に守り続けるようにすることが含まれる。

　　「研究体制として考えれば、出世させること、出世を志向させることは必要なのだと思う。そうでなければ、誰かがやめるときに、その学問分野にほかに誰もいなければ、その学問分野が消滅してしまう。……」

（腫瘍学　教授）

　　「……教授職全体が、大学における次世代の育成に強い関心を持たなければならない。なぜなら、望んでも、教授が永遠に活動し続けることはないからである。」

（法律学　教授）

　守護者という要素は、知識体系が細分化し、ますます競争が激しくなった世界において、個別学問分野の継続と生き残りを図ろうとするものである。教授も若いうちは、自分自身の論文や研究助成金の申請の際に、先輩にみてもらうことができる。教授になる時分には（ときには、それよりも以前かもしれないが）、今度は自分がこの学者の責務に関して、多くの責任を引き受けたり貢献したりする番になる。しかし、だからといって、そのような活動が必ずしも完全に利他的な行為であるとは限らない。編集委員会や研究助成

委員会の委員を務めても、ほとんど報酬はないか、せいぜい名ばかりのもの
だが、ついてくる名声は野心的な学者にとって価値あるものである。

　メンターになる場合と同様に、守護者にもリスクが伴う。守護者としての
教授は、助成金申請や投稿論文の査読者として、権力のある地位にいること
が多い。このとき、たとえば、査読者が好む特定の論理的または方法論的立
場をとらない投稿論文だからといって不採択の決定を下すことのないように、
細心の注意が必要である。守護者としての教授は、意見が合わないと思われ
る学術的業績と、率直にいって学術的に劣る業績とを、慎重に区別する必要
がある。査読者のうちには、不当に厳しい基準を課す「鬼[3]」という評価が
確立している者もいれば、もう一方の極端な例として、十分な厳格さをもた
ずに審査をして原稿を受け容れる「仏[4]」と呼ばれる者もいる（Siegelman,
1991）。したがって、守護者としての教授の役割には道徳的ジレンマが付き
物で、このような両極端な例の中間的なポジションを探り当てる必要性があ
る。学問分野の門番役であるためには、偏見のない態度を保ちつつ高い基準
を維持することと、学問分野の新しい方向への発展促進を望むことの、両方
が必要である。

後ろ盾としての教授

　世話人（facilitator）または後ろ盾（enabler）であることは、メンターであ
ることの延長線上にあり、他者が研究を実施する機会や影響力のある学者と
出会う機会を拡げ、共同研究の好機を提供するものである。これは協働のネッ
トワークづくりである。この機能の重要な部分は、学者ネットワークへのア
クセスまたは参入を可能にすることである。つまり、教授自身の社会資本
（Bourdieu, 1986）であるところの、会員グループ、人脈、影響力と持続性の
あるネットワークといった資源を、利用することである。教授の推薦または
紹介が、より広い学術コミュニティへ受け入れてもらうための許可証になる
かもしれない。このような状況は、学会における共同発表によくある。この

3）原語は assassin（暗殺者）。
4）原語は zealot（狂信者）。

とき、発表者の一人は若手(博士課程学生またはポスドクであることが多い)、もう一人の発表者はその学問分野で名声を確立した人物である。教授たちは、自分自身にとっても、またキャリアアップしたいと願う学者にとっても、ネットワーク形成が影響力を強化するために必須であることを認識している。彼らは、ブルデューの概念を引用して説明している。

> 「同僚は、多くの成果を発表するのがそれ（学者としての成功）と考えがちだが、実際に重要なのは、社会的・政治的資本を形成したり、そのネットワークを拡げたりするための仕事を引き受けることだ。」
>
> （経済学　教授）

> 「重要な役割は、知り合い同士の共同研究を発展させること……人々を出会わせることだ。」
>
> （教育学　教授）

> 「私はいつも、自分の役割は世話人だと考えている。……個人やグループを前進させ、励ます方法を探し続けている。」
>
> （美術学　教授）

　日常的なネットワークづくりは、先輩の学者が経験の少ない学者に対し、査読、セミナーや会議での講演、ネット上や対面でのごく気軽な会話などの機会を仲介することである。電子化された情報ネットワークはいまや、社会の構造や活動が実際にどのように形成され作用するかを理解するために必須のものである（Castells, 2000）。ネットワーク技術により、すべての段階の学者にとって分野内外の人々とつながることが容易になったとはいえ、今なお教授の役割は重要であり、きわめて有名なネットワークや伝手の門番役となって、アクセスを提供している。

　後ろ盾であるとは、単に有効な紹介をすることに留まらない。資源と収入をもたらすことも含まれる。これにより、とくに研究活動への参加の道が開け、リサーチアシスタントの雇用や、ほかの若い、もしくは経験の少ない学者をプロジェクトチームの一員とすることにつながる。多くの教授は、大学

ほどには収入創出を重要視していない。それでも、助成金や契約などの財源を獲得することは、学問分野にかかわらず、昨今の商業主義的な現実において不可欠であると認識している。収入がなければ、教授が後ろ盾として及ぼす影響は弱まる。研究センターの設立や研究助成金の獲得によって、教授は、より多くの博士課程の学生に［就学の］機会を提供したり、より多くの博士課程学生や博士号取得者をリサーチアシスタントとして雇用したりできる。こうして教授が他者に及ぼす知的影響が大きくなる。研究センターをもち、多額の研究助成金を得る教授は、より影響力の大きなネットワークを得やすい。財源があれば、影響力が強化され、さらに、大学が要求する経営管理や教育などから一定程度離れることができる。

　後ろ盾となることは、自分より若い研究者や研究チームを支援することと密接に関連する。多くの教授が、自分たちの役割の一つは研究助成金を獲得することだと説明しており、それらの資金は、経験の少ない同僚やリサーチアシスタントのような時間単価の低い人を支援するために必要であると説明した。それゆえに、教授は、自身の地位では時間を研究に費やすのはコストが高すぎるとみなし、資金を獲得したり論文をまとめ上げたりすることを主な活動とすることがある。

　　「私は、現在、実質的な研究はほとんどしていない。……私の主な役割
　　は、研究助成金を獲得して、プロジェクトを経営管理することだ。」
　　　　　　　　　　　　　　　　　　　　　　　　　　　（生化学　教授）

　芸術学や人文学のうちには、生物医学などに比べると、助成金などの資金を獲得することが教授に期待されていない分野もある。同様に、提唱者としての役割をより明白に果たすことが個人に期待されるような、公共・社会政策に近い分野での教授任用もありうる。チームで働くことが一般的な自然科学分野の教授は、より強い圧力にさらされている。筆者の調査結果を第5章で紹介したとおり、自然科学分野の教授は、芸術学や人文学の教授に比べて、収入創出は自らの正統な役割であるとみなすことが多い。科学研究を実施するために大規模財源を必要とする一面があるのに対し、芸術学や人文学の教授が懸念するのは主に研究時間の確保である。これらの教授にとっての収入

創出は、自分の時間の使い方が適正であることを示すための手段であって、大きな研究チームを率いるとか、［実験］装置や研究施設を構えるためではない。

　後ろ盾になることにより、縁故主義、えこひいきと呼ばれる状況に陥る危険性はもちろんある。単純に紹介を成功させたり、他者のネットワークづくりを支援したりするはずが、卒業生や若手同僚のうちのお気に入りを優先的に扱い、学問的長所そのものに基づかない方向にいってしまう。中国の文化では、社会的人脈に由来する利益を guānxi（関係）と呼び、これが学究生活でも重要な役割を果たす。学者の責務であるからには、後ろ盾になることは利他的な活動であるべきだが、実際には見返りを期待することもある。

大使としての教授

　最後に、対外的能力として、国内外の場面で所属大学の利益関心を代表する「大使（ambassador）」としての活動の重要性について述べた回答者もいた。

　国内外からの教授への注目を保つために、また、大学の評判を高める手段として、外に出て人目に触れることは、教授のきわめて重要な活動と考えられていた。この種の活動の例としては、学会での基調講演、国際的な人材募集活動への参画、他大学や企業との共同研究などがある。これらの活動は、大学のことを幅広い大衆や大学業界に知らしめる手段とみなされていた。ここでも、第7章で述べた提唱者の役割との重複がいくらかある。しかし、大使が大学や学科の振興を図るのに対し、提唱者は学問分野に密接に関連する概念的視点や社会・政治的視点を推進する面が強い。

　　「（教授である）とは、自分の学問分野において一流の人物であることはもちろんだが、加えて、内外に向けて自分の大学を代表する能力のある者でもある。」

（法律学　教授）

「私たちは(教授として)、自らの学術・研究活動を通じて、大学のイメージアップに貢献できる。」

(腫瘍学 教授)

　しかし、多くの教授は、必ずしもこの特質を高く評価していない。学者に自身のアイデンティティの要点は何かと尋ねると、何よりもまず、自分の学問分野だと答えるだろう。自分の大学への忠誠心は、二の次、三の次になることが多い。このような考え方は、2007年に実施された大学教授職についての国際的研究によって裏付けられた (Locke, 2007)。このようなパターンは、いわゆる「成熟した」高等教育システムをもつ国、たとえば、オーストラリア、カナダ、日本、ノルウェー、英国、米国などにおいて、最も明らか(かつ極端)である。これらの国の大学教授の80%は、自身の学問分野への帰属を、かなり重要、または、とても重要であるとみなしている。一方で、自身の所属大学への関与については、すっかり様相が異なる。先ほどの成熟した[高等教育]システムをもつ国々では、所属大学への関与について、かなり重要、または、とても重要であるとみなしている教授は、わずか57%だった。この結果は驚くことではない。なぜなら、ほかの専門職の人々と同様に、学者も、所属大学の目標よりも自らの専門分野におけるアイデンティティを重視しているからである。

　表8-1は、教授のリーダーシップにおける学者の責務についてまとめたものである。総じて、大学への奉仕という観点からはローカルとしての、かつ学問分野または専門職集団の発展への貢献という観点からはコスモポリタンとしての貢献内容が示されている。教授は自らを、「コスモローカル」(Goldberg, 1976)、つまり、コミュニティ内外に献身する方向性をもち、「コミュ

表8-1　教授のリーダーシップにおける四つの責務

メンター	大学内外の経験の少ない同僚に対して[助言指導する]
守護者	学問分野または専門集団における学問的な基準や価値観について[保護する]
後ろ盾	ネットワークへのアクセス、助成金の分配、協働による助成金や契約やそのほかの商業的機会などを共同で獲得することを通じて、他者に機会を提供する
大使	大学の代表として、国内外で外交をする

ニティに根ざしたコスモポリタン（rooted cosmopolitan)[5]」であるとみなしているのである。

　これが理想的な一連の学者の責務であるという認識は重要である。実際には、どの教授にとっても、これらすべての特質を実現することは困難である。個性の違いはさておき、教授にはさまざまなタイプがあると回答者たちが認識していたことは第6章で述べた。このような分化があるということは、教授とは多能な人材（all-rounders)なのではなく、特定分野の専門家（specialists)であるとみなされていることを意味する。したがって、研究型教授（あるいは看板教授）はより多くの資金を獲得することを期待され、経営型教授は大学のイメージ向上や、大学の拡大と学生募集を目的とした新しいパートナーシップの形成など、所属大学の大使としての役割により多くの時間を費やす。しかし基本的には、すべての教授に対して、このような学者の責務のほとんど、とくにメンターおよび学問水準の守護者としての責務を果たすことが、期待されていると考えられる。

遺産の重要性

　本章と前章で、私は、知のリーダーシップの重要な特質であるところの、批評者、提唱者、ならびに、メンター、守護者、後ろ盾、大使について識別しようと試みてきた。このような一連の特質を身につけるとなれば、誰しもがたじろぐ。そこで、私はすこし、現実的なことを付け加えたい。強調すべきは、必ずしもすべての知のリーダーがこれらの特質すべてを備えているわけではないという点である。どれほど偉大なリーダーであっても弱点がある。ある者は特定の立場を提唱することに、またある者は他者にメンタリングをする技量に、というように特定の領域に強みをもつ。自らが置かれた立場によって、これらの特質への力点がいくらか変化することもあるだろう。また、すべての人に当てはまるわけではないだろうが、年配の教授は、自分の学者生活の終わりが近づくにつれ、学者の責務に関する特質を重視するようにな

---

[5]　所属する集団の文化や価値観を共有し、その集団にアイデンティティを有しつつ、コスモポリタンとして機能できるような人。

る。一方、経験が少ない教授や若い教授は、批評や提唱を通して、自分の名を成すことに関心をもつ傾向があり、学者の責務に関するスキルや気質を必ずしも十分に発達させていないかもしれない。

　多くの場合、特質を列挙してみても、何がしか追加しうるのがつねであるという問題を抱えている。筆者のものも例外ではない。知のリーダーシップは、把握することがきわめて難しい概念である。どのような特質リストもその概念を正しく表すことはできない。なぜなら、スキル、経験、そしてとても定義しにくい知的能力が混じり合っているからである。エンターテイメント界のスター発掘番組において、ずば抜けた演者を見極めるのは未知の要因Xである。このXは、実際に知覚しうる特別な才能ながら、それを理論的に説明することはまず不可能というものである。このXが、演者を際立たせる。すべての候補者のなかで、その演者の声やスキルが記憶に残る。これがスターをつくる。目立ち、他人から認識されるという才能である。

　知のリーダーにおいてXに相当する特別な要素は、遺産（legacy）である。この言葉は、一般的には、遺言により残された財産やお金をさす。しかしここでは、個人の知的作品、あるいはその業績をさす。それらは記憶に留められ、思考や実践に影響を及ぼし続けるからである。遺産には、有形のものと無形のものがある。有形遺産には、研究の体系や、より記憶に残るものとしては、重要な概念、理論、議論などがある。また、学生の学習やカリキュラムに関連するものもありうる。特定の人物が統合的カリキュラムまたは革新的教育技法などに深く関与していたり、その開発者とみなされていたりする場合である。無形遺産には、ほかの学者の知的思考にメンターとして及ぼす影響が挙げられる。そのような影響は、のちに、引用や謝辞を通じて確認できる。

　ある人物の生存中にではなく、没後に生前を振り返って、偉大な知のリーダーであったと認識されることがある。これも遺産である。知のリーダーの仕事は、生存中はあまり認知されずに、没後に大きな影響力があったとわかるものなのかもしれない。フィンセント・ファン・ゴッホなど多くの偉大な芸術家の作品は、没後に、批評の対象になったり、人気が高まったりといった認識を得た。のちに *The Idea of a University* の基礎になったダブリンのニューマン枢機卿の講義は、最初は見向きもされなかったが、あとになって

大学教育の理想的自由を明確に表現しているとして高く評価された（Brock, 1996）。より最近では、著書『去勢された女（*The Female Eunuch*)』（Greer, 1970）の影響が今も残るジャーメイン・グリアは、その仕事により、最も影響力のあるフェミニストとなった。また、短い期間にだけ大きな影響を及ぼした人物もいる。たとえば、反グローバリゼーション運動家のナオミ・クラインは、2000年に『ブランドなんか、いらない（*No Logo*)』という著書で一躍有名になった。2005年には、最も有名な知識人についての投票で11位となったが、2008年に再び投票が行われた際には、彼女の名前は100位にも入らなかった（*Prospect*, 2008）。したがって、誰が大きな遺産を残し、誰が残さないかを予想することは困難である。存命のうちは重要人物であると思われていても、没後には生前に考えられていたほどの影響力はなかったと判明することもあるだろう。知のリーダーシップは、誰にでも簡単に成し遂げられるわけではない。真の判定には、ただ時間が必要である。

　学術的遺産の性質は、学問分野による。社会科学の学者は、多くの場合、ある主要なアイディアや概念によって知られるところとなる。たとえば、社会学者のスタンリー・コーエンは、「モラル・パニック」という概念で有名である。モラル・パニックとは、彼の分析によると、「状態、出来事、人物、あるいは集団が、社会の価値観や利益に対する脅威として出現する」(Cohen, 1972, p.9)ときに生じる。マスメディアや社会で名声の確立された人物は、こぞって、サッカーのフーリガンやヘルズ・エンジェルスなど、耳目を集めている現象を分析したり非難したりする。実際には、ある特定の学者や理論家が生みだす概念のほとんどは、既存の理論やアイディアから派生したものである。概念は、ほかのあらゆる形態の知識と同様に、互いによって存立している。ときには、概念が既存の知識に追加されるのではなく、置換される、つまり、古い考えと新しい考えが交換されることもある。そのよい例が、貧困の絶対的定義にとって代わった相対的貧困の概念である。ここでの社会学者ピーター・タウンゼントの業績の意義は、[人々の]理解と姿勢を変えたという点にある（第7章参照）。

　多くの学者は、自身の卓越さをひけらかすのではなく、倫理観に基づいて、先行研究に依拠したことを著述しようと苦心する。しかし、そのような配慮にもかかわらず、たいていは、特定の概念、アイディア、言葉などに[自身

を］紐づけられてしまう。そのよい例が、社会学者ロバート・マートンである。彼は、（マタイ効果などの）ほかのアイディアではなく、いつも自己成就的予言（Merton, 1948）という概念で思い出される。マートンは、エッセイの冒頭で、さまざまな著述家、とくに「状況を現実どおりに定義すれば、その［定義から導かれる］帰結も現実になる」と述べたウィリアム・I・トマスに知的恩義を受けたことを指摘している。マートンは、トマスの考えを基にして、自己成就的予言の考え方を発展させ、最初に状況が誤って規定されると、これに誘起された行動によって当初の誤った規定が現実になってしまうと主張した。マートンは、トマスの考えを説明するため、健全な財政状況であるにもかかわらず資本不足であるとの誤った噂にさらされた銀行の例を挙げた。誤った噂がたつと、パニックを引き起こし、人々が預金を引き出そうと銀行に殺到し、結果、銀行は本当に倒産してしまう。それから60年を経た今でも、トマスではなくマートンがこの概念の真の作成者であるとみなされている。

第8章の結び

　私たちの社会には脆弱性が蔓延しており、セラピー文化に囲まれているという主張がある（Furedi, 2004；Ecclestone and Hayes, 2009）。この論によると、現代社会は、通常のストレス状態をあまりにも医学的に処理しすぎており、人間の感情についての言説にも注目しすぎているという。そして、このような状況が「ヘリコプターペアレント[6]」と呼ばれる現象を生み、大学生に対するメンタルヘルスやカウンセリングのサービスのすさまじい拡大を招いていると論じている。同様に、本章で明らかにした学者の責務に関する特質や特性、とくにメンターの役割は、セラピー文化を背景とした特徴といえるかもしれない。しかし、これらの特質は、支援や発達のための取り組みが調和のとれたものであるかについての指標であることを強調しておこう。これらの特質のなかには、いわゆる愛の鞭が必要なものもある。メンタリングとは、

6）子どもに干渉し続ける親のこと。

同情や共感を表明するのみでなく、正直にフィードバックすることでもあり、ときには厳しく批判することになる。同様に、守護者の仕事は、新しいアイディアや新しい取り組みを促しつつ、その過程で学問の基準が確実に守られ尊重されるように、両者の均衡を図ることである。したがって、これらの責務を履行するとは、「優しい」だけの行動ではなく、次世代の学者を支援し育成することを教授の重要な役割ととらえるよう、世代を越えて［認識を］共通にすることである。

　前述の責務は、大学内だけでなく、大学外における教授の役割にも関連している。このインターネット時代、教授が支援したり育成したりすべき同僚は、隣のオフィスにいるのと同じく、遠く離れた地にも当然のようにいるかもしれない。ただし、教授が、自身の学問分野や専門職集団の発展だけでなく、自分の所属大学における活動にも寄与できるよう、バランスをとることが重要である。教授は、組織内（local）にも、組織外（cosmopolitan context）にも、つながりをもつ必要がある。もし、所属大学への貢献が十分でないとみなされると、その教授は学内への影響力を弱め、リーダーシップを失う可能性が大きくなる。教授にとってもう一方の極端な例も、避けることが重要である。学内の貢献は認められているが、学外では学者としての大きな影響力やネットワークが十分でないとみなされるような場合である。このような信頼を失うと、知のリーダーであると心からみなされづらくなる。

　教授であることの意味を検討する第Ⅲ部では、教授の任命方法（第5章）、実際の教授の役割（第6章）、そして、教授の自由と責務（第7章・第8章）について取り上げた。本書を締めくくる第Ⅳ部では、いかにして知のリーダーシップを回復できるかを考察する。具体的には、知のリーダーシップのモデルを提案し（第9章）、組織レベルで知のリーダーシップを提供するにあたり、大学はどのようにして積極的な役割を果たすことができるのか（第10章）を検討して、大学が知のリーダーとしての教授を活用する方法（第11章）を明らかにする。

第Ⅳ部

リーダーシップへの回帰

第9章

知のリーダーシップを理解する

　前章までに論じてきたように、知のリーダーシップには自由と責務の両方が伴う。教授であるためには、これらの権利と責任の間で絶妙なバランスをとることが必要である。ただし、これらの権利が行使され、責任が履行される状況は多様である。すべての教授が同じ目的をもっているわけではなく、こうした多様性が自由と責務に対する教授の考え方にも反映される。そして、教授としての役割の中心を学問上の専門分野に置いているのか、それとも広範な市民活動への参加に置いているのかという点も一様ではない。

　本章では、知のリーダーシップの四形態、すなわち「知識生産者」、「市民性ある学者」、「知の越境者」、「公共の知識人」について明らかにし、議論を進める。これら四形態やその方向性は、教授に期待されるのと同時に、広く学者全般にも該当しうる。必ずしも教授でなくても、上級ポストに就いている教授以外の学者が知のリーダーシップをとることもある。さらに、前述したことを再度強調しておくが、必ずしもすべての教授が実際に知のリーダーというわけではないことを認める必要がある。知のリーダーシップというのは生まれながら備わっているものではなく、大学教員の任に就くことで備わるものでもない。第6章で述べた管理経営型教授は、知のリーダーの特質に当てはまるかもしれない。しかし、管理職に就くことによって得られる権力が知のリーダーを創りだせるかといえば、それだけでは不十分である。権力

は知的な権威とは異なる。同様に、第8章で述べたように、学者の責務に貢献しない研究型教授は、知識人とみなされるかもしれないが、必ずしも知のリーダーとはいえない。

　知のリーダーシップの四つの形態を説明するにあたり、学者の追悼記事を活用したい。追悼記事をみると、一流の学者が生前に成し遂げた主要業績がよくわかる。追悼記事には、ある特定の学者が特定の知のリーダーシップに傾倒した事例が出ている。しかし、多くの学者には二つ以上の方向性がみられる。また、個人として成熟し、活動の中心が変化するにつれて、学者としての類型も変化しうる。追悼記事には、部分的な賛辞しかない、部分的な経歴しかないなどの制約はあるものの、なぜその学者が学術面および人格面において賞賛されるのかについて有益な洞察をする手助けとなる。また、追悼記事は、学者の知のリーダーシップの観点から重要な定量的指標もいくつか示している。筆者が調査した57の死亡記事には、「研究」または「研究者」という言葉が最も多くみられた（92回）。次いで「教育」または「教育者」（33回）、最も少ないのが「管理運営」（8回）であった。このことから、教育や管理が重要でないとは言わないが、学者としての業績を左右するのは、主として研究であることを確認できる。

二つの要素

　本章で提示する知のリーダーシップのモデルには二つの要素がある。一つは、学問の自由の行使に関する姿勢である。もう一つは、学問分野に基づいて学者の責務を果たすのか、それとも、これをより幅広い社会的枠組みに基づいて果たすのかという点である。

　第一の要素である学問の自由については、筆者のモデルにおける二つの観点によって描かれる。第一の観点は、干渉、懲罰、あるいは解雇の不安なく研究および教育をおこなう自由は、学者が効果的に活動するうえで必要だというものである。この自由なくして、学者は自分の役割を十分に果たすことができない。なぜなら、どの分野であろうと、学者が話したり書いたりする際に基盤となるのは専門分野の知識だからである。このことは、学問の自由

に関する「機能的観点」といえる（Coleman, 1977）。もう一つの幅広い観点は、学者には専門分野について話したり書いたりする権利に加えて、自分の専門分野に直結する知識にとどまらず、あらゆる公共的な問題に一市民として参加する権利を認めるべきだというものである。この考え方は、あらゆる分野の公共的な議論や論争に援用できるかもしれない。これが、「市民社会への参加の視点」（Coleman, 1977）、または、「学外活動の自由」（Metzger, 1988, p.1265）として知られる概念である。

　このように、学問の自由は教育と研究という二つの要素、またはこれらに学外における議論への参加を加えた三つの要素から構成されると考えられる。これらの要素は、もともとは米国大学教授協会が1915年に発表した学問の自由に関する声明のなかに集約されていた。この件については、15人の教授からなる同委員会に激しい議論を巻き起こした結果、最終的にこの声明文が作成されたと伝えられている（Metzger, 1988）。数人の委員からは、教授が公に発言する内容は、認められた専門分野内の問題に取り組んでいるときのみ保障されれば十分だという意見があった。学問の自由に対する別の批判として、もしこの特権を大学教授に認めると、一般市民よりも教授のほうが手厚く保護されることになるという意見もあった。しかし、こうした反対意見があったにもかかわらず、大きな影響力を有する委員会メンバーであるアーサー・ラブジョイが他の委員を説得し、「市民としての参加」を含む包括的定義への賛成を促した（Metzger, 1988）。その結果、最終報告書には三つの要素からなる定義が採用され、「学外活動における」学問の自由についても言及されたのである。

　　この意味において、学問の自由は次の三つの要素から構成される。それらは、探求と研究の自由、大学内での教育の自由、および学外での言動の自由である。

　　　　　　　　　　　　　　　　　　　　　　　　　　（AAUP, 1915, p.292）

　この最終報告書に学外活動の自由を含めた合理的根拠は、学問の自由に関してこの委員会が扱ってきた五つの事例のいずれもが、「大学教員が学外で自分の意見を自由に述べる権利、または、市民としての立場から政治活動に

かかわる権利」に、少なくとも一定程度関係していたからである（AAUP 1915, p.292）。AAUP は学問の自由に関する声明をのちに発表したが（1940年の声明は有名）、学外活動の自由に関する主張が撤回されることはなかった（Metzger, 1988）。

　学問の自由について書かれたものは多くあるが、そこには学外活動の自由についての議論はほとんど含まれていない。通例、学外活動の自由は明確に除外、あるいは明確に認可されているわけではない。一つの見方は、学者も一般市民と同様に、公共の利益について自分の意見を表現する自由を享受できるというものである。しかし、一市民として意見を述べることと、権威ある機関に属する大学教授という立場で同じ意見を発信することには、重要な概念的違いがある。後者の場合は、権威と専門知識に基づく重みや影響力が加わるからである。

　英国では、1988年の教育改革法により、学者は「失業の危機、あるいは自分の大学で有する権利を失う危機に遭うことなく、既存の知識に異議を唱え、これを検証する自由、および新しい意見、賛否の分かれる意見、あるいは人々に支持されていない意見を述べる自由を、法律の範囲内で」有すると規定されている（Karran, 2007, p.296）。この定義や学問の自由に関するほかの多くの定義では、教授の専門分野を越えた発言が学問の自由の対象に含まれるのかどうかははっきりしない。学問の自由を訴える団体でさえ、この点についての立場を完全に明確にしていない。たとえば、「学問の自由を目指す学者団」として知られるロビーグループは、「学者は教室の内外で制約を受けるべきではなく、既存の知識に対して異議を唱え、これを検証する自由、および賛否の分かれる意見や人々に支持されていない意見を述べる自由を完全に認められるべきである。たとえ、それらが攻撃的とみなされようとも」と主張している。この運動のウェブサイトでは、「学術機関は、教員によるこれらの自由の行使を制限する権利を有せず、かつ、これを理由にして懲戒や免職を課す権利を有しない」とつけ加えている（Academics for Academic Freedom, 2011）。しかし、この声明における「完全なる自由」とは、専門分野に関する意思表明に限るのか、それとも専門分野に関係ない意思表明も含むのかについては明確になっていない。

　教育および研究上の学問の自由は、学外活動の自由を含む学問の自由より

も狭義であるという違いがある。したがって、知のリーダーシップに関する筆者のモデルの第一の要素は、広義の学問の自由と呼ぶべきものであり、限定的な学問の自由とは異なる。政府、大学、および学者は、これらの概念のいずれかを支持している。

　第二の要素は、学者の責務という点に関して、大学人が自身の役割をどのように考えているかに関するものである。自分の学問分野または専門職域にしかほとんど関心のない学者もいる。実際、学者が次のような職責を果たす場合に、このような認識は学者の主流を占めるだろう。経験の少ない同僚に対するメンターになる場合、学問水準の守護者になる場合、他者が人脈や各種リソースを活用するための後ろ盾になる場合、および大学や学問分野を代表する大使の役割を果たす場合。ほとんどの学者のアイデンティティはその専門分野と密接な関係があり、これが最も一般的な方向性だと考えられている。しかし、学者が実学の分野や専門職に従事する場合にはとくに（それ以外の場合でも）、専門分野外や学外の諸状況とより密接に関係している。こうした学者は、世間の認識や活動に変化が生まれることを願って、社会全般に奉仕することに関心を有している。あるいは学者の責務とは、自身の属する社会に対して異議申し立てをおこない、社会を厳しく批評をすることだと考えている。

四つの方向性

　この二つの要素、すなわち学問の自由をどう行使するか、学者として何に責務を負うのかという二軸に基づくと、次の四つの方向性から構成される知のリーダーシップ類型が想起される（**図9-1参照**）。

　「知識生産者（knowledge producer）」は、自分の専門分野の確立された範囲内で研究を追求することに意欲をもつ。彼らは、命題知識の提案を通して、あるいは新しい理論、枠組み、批評、分析、類型化、および発見による専門知識の創造を通して、理論や実践に影響を及ぼしたいと考えている。知識生産者は、学会や専門職団体、研究グループ、研究部門の内部で活動し、知識基盤を深め、拡大しようとする。このように、彼らはおおむね研究志向であ

図9-1　知のリーダーシップの類型

学問の自由の行使

学者の責務の対象		限定的	拡張的
	社会	市民性ある学者	公共の知識人
	専門分野	知識生産者	知の越境者

る。個人的には明確な意見をもっているかもしれないが、公的な場面では自分の専門分野外の論点や問題には関与しようとしない。

「市民性ある学者（academic citizen）」は、主として自分の学問上ないし専門職としての専門性を、広く公衆の理解に役立つように応用することに注意をはらっている。政府、非政府組織、慈善団体との多様な活動を通して、彼らはよく革新的な教育方法を用いたり、重要なリーダーシップを果たしたり、あるいは公衆に対するアウトリーチ活動に熱心に携わっていたりする。市民性ある学者は、社会の利益のために自分の専門知識を応用することに自身の役割を限定し、自分の専門知や専門能力が及ばないことに関与しようとはあまり考えない。お金儲けだけのために知識を用いて起業しようとする人は、ここに含まない。

「知の越境者（boundary transgressor）」とは、確立された学問分野の規範に異議を唱え、教育、研究、学識を通して、分野の壁を越えた関係を築こうとしている人のことである。彼らは伝統的な学問領域を越境して、隣接する学問領域に入り込む。その際には、当該分野において急進的または非伝統的とみなされている方法論が用いられることがある。そして、主としてほかの学問分野または細目分野に関係する学術雑誌に論文を発表したり、学問分野の境界を超えたグループ、研究クラスター、会議を組織化したりする。知の越境とは学術的知識の地図を絶えず上書きする手段なのである。

「公共の知識人（public intellectual）」とは、話したり、書いたり、運動を起こすことを通して、社会問題、道徳問題、経済問題に関する公共の議論に参加したり、影響を及ぼしたいと考えたりする人のことである。そのため公共の知識人は、有力なメディアや新しいコミュニケーション技術と密接にか

かわりながら活動する必要がある。学者は公益に関する問題について発言するとき、ある程度は自分の専門知識に基づいて意見を述べるかもしれない。しかし、前述した市民性ある学者とは異なり、公共の知識人の発言は自身の学問分野に必ずしも限定されない。

　この類型に関して強調しておきたいのは、個々の学者の方向性は必ずしも一つに限らないということである。たとえば、学術的知識を専門職やビジネスにも活用しようとしている学者は、知識生産者と市民性ある学者の両方に該当するかもしれない。学者人生の途中で、方向性が変化することもある。公共の知識人としてスタートする者はほとんどいないだろうが、経験を積み、自信がつくにつれて、次第に自身の学者としての役割を再定義し、公共の知識人という方向性を自分の活動の一部とみなすようになるかもしれない。また、ある者は、自分の学問分野の境界や規範に失望や不満を募らせ、より学際的な活動を展開するようになり、知識生産者から知の越境者へと方向転換するかもしれない。方向性は複合的であり、一つとは限らない。

　次節からは、これらの四つの方向性について、より深く説明する。筆者が説明に用いるのは、2008年から2010年にかけて英国の *Times Higher Education* 誌に掲載された学者の追悼記事である。方向性ごとに典型的な学者の例を挙げて紹介するが、一般に彼らは複数の方向性を有しているとみなされている。

知識生産者

　教授を含め、ほとんどの学者は自身の役割を知識生産者だと考えている。学生が学者へと成長する過程では、多くの面において、知識生産者を目指すという方向性が初期設定となっている。この初期設定は博士課程で受ける教育によって促進される傾向にある。もちろん、それは指導教員次第であり、学生は指導教員から大きな影響を受けている。学者は一連の概念的、実証的な探究をしたいと思っており、その過程では自分野の規範や価値観を維持したいと考える。彼らは、外部の脅威から自分野の地位や名声を守ろうとすることがある。これは、学問への関心および忠誠心に基づく行為である。古参

の教授になると、学術雑誌の査読者、編集者、各種学術会合の座長、学会の長などの役割を務めることにより、自分野の境界線をいっそう強固にするように振る舞うことを期待されることが多い。こうした役割は大学教授の現代的概念に合致する。なぜなら、特定分野において個人的に深い学識をもつ者は、その学識を社会の利益のために活用したいと思うからである（すなわち、市民性ある学者である）。全員とはいわないが、ほとんどの学者は研究に専念したいと主張する一方、彼らがみな革新的な業績、あるいは概念的に卓越した業績を上げているわけではない。ほとんどの学者は、既存の知識に多少の上乗せをするだけである。

　知識生産には、さらに二つの重要な要素がある。知識生産は、より多くのことを知ろうとする主旨においては、付加的な行為だと考えられている。ただし、知識生産の際には、従来の考え方、理論、および世界認識に異議を呈したり、これらを駆逐するような場合もありうる。この場合、知識生産は、単なる付加行為というよりも、むしろ置換的な行為である。もちろん、専門分野の研究においては、知識生産の付加と置換の両方がおこなわれることが多い。なぜなら、より多くのことを学ぶと、その過程において、すでに確立された知の現状に異議を唱え、その結果、これを駆逐してしまうこともありうるからである。それゆえ知識生産者は、必ずしも既存の理論や実践に異議を唱えることなく、知の基盤に追加することだけに携わる場合もある。この場合は、その学問分野の知的権威として暗黙のうちに、あるいは明確に認識されているほかの学者に強く感化されたり、知的支配を受けることがある。つまり、これらの知識生産者には先達に従うという活動上の性質があるのだ。他方で、支配的な理論や実践に反論しようとして、より困難な研究課題を追究し、既存知の置換に集中することもある。彼らは、真の独創的思考の持ち主であり真の研究者といえるが、その数はきわめて少ない。こうした知識生産者の例をコラム9-1にいくつか示す。

　知のリーダーとみなされている知識生産者は、意識的あるいは無意識的に、既存知を新しい知識に置換することに関与している。集団のなかで脚光を浴びる人というのは、既存知を入れ換える能力に長けている。彼らは単に新しい知識を創り出しているのではない。「古いパラダイムを最終的に新しいパラダイムに変容させるというパラダイム移行」（McGee Banks, 1995, p.262）を

もたらす存在なのである。これこそトーマス・クーンが提唱したパラダイムシフトのプロセスである（Kuhn, 1962）。これは物事を別の角度から観察して、長い時間をかけて別の支配的なパラダイムに置き換えていくことである。

コラム9-1　知識生産者たち

　シーラ・ロッドウェル（1947-2009）は、栄養疫学の名誉教授で、生涯に450以上の論文を共同執筆した。彼女は大集団における尿糖値など、信頼性の高いデータの作成方法を開発し、客観的な生体指標を測定できるようにしたことが高く評価されている。彼女の業績によって、脂質に乳がんなど多様な疾病の危険因子としての働きがあることや、食物繊維を摂取することに防御手段としての効果があることが明らかにされた。

　ジェームズ・ブラック卿（1924-2010）は、二つの重要な医学的発見により、1988年にノーベル医学・生理学賞を受賞した。まず、狭心症、心臓発作、高血圧の治療に使用されるベータ遮断薬を初めて発明した。次に開発されたシメチジンは、胃潰瘍の治療に効果があることが証明されている。

　クライヴ・グレンジャー卿（1934-2009）は、「共和分」の概念を共同開発した。この概念は、電力需要、物価、森林破壊など、さまざまな分野の統計に応用できる。この業績により、彼はロバート・エングルとともに2003年にノーベル賞を受賞した。

　ティレル・バージェス（1931-2009）は、1960年代後半、ロンドン・スクール・オブ・エコノミクスの高等教育研究ユニットで働いていたときのポリテクニクに関する研究で広く知られている。彼はジョン・プラットとともに、「大学漂流」という言葉を編みだした。これは、英国のポリテクニクが大学に比肩する「自治」の伝統を築こうとして大学の文化や伝統を模倣したことが、むしろ職業教育機関としての存立基盤を弱体化させたことを表す言葉である。彼は、自主学習の発展にも大きく関与し、省察的記述やグループワークの［研究における］草分け的存在でもあった。

（Reisz, 2009f, h, j, 2010a）

市民性ある学者

　市民性ある学者（Macfarlane, 2006）とは、さまざまな活動を通して、自分の学問的あるいは専門的な知識を広く社会に結びつけることが自分の役割だと考える人々である。その役割には、教育、学術的リーダーシップ、アウトリーチ活動、コンサルタント活動、および、研究の実用化などが含まれるだろう。彼らは、これらの活動を通じて金儲けの機会をねらうのではなく、社会を改善することに尽力する。なかには外部評価委員としての報酬など、市民性ある学者としての仕事で実際の利益を得る者もいるが、金銭が仕事の主たる動機ではない。彼らは、教育者、研究者、およびリーダーとしての役割を、本質的には「無償奉仕」（*pro bono*）として引き受ける。この点が、営利を追求するために専門知識を利用する人々とは異なっている。後者は知的起業家というべき人々であり、市民性ある学者とは区別する必要がある。慈善という動機なくして、営利追求によって知のリーダーとしての評価が高まることはほとんどない。

　市民性ある学者は、知識を理解する方法、応用する方法に変化をもたらすことを重視する。彼らは往々にして、実践、政策、さらには世間の認識に変化をもたらしたいと考える。こうした変化は、ときに、きわめて革新的な方法で理論と学習を結びつける教育活動や取り組みによって起こりうる。ある者は、政治や行政、公衆衛生、あるいは貧困削減などの分野において、学術知識に関係する世間の認識に影響を及ぼし、変化を起こすべく、慈善組織や非営利組織で働く（コラム 9 − 2 の事例を参照）。この仕事の延長線上には、公共政策分野における影響力の行使もありうる。そのために、特定の問題について社会運動を起こす、あるいは政策機関や法廷に参加することもある。しかし、市民性ある学者は、公共の知識人とは異なり、通常は自身の専門的な知識や技能を超えて活動しようとはしないということを理解しておく必要がある。

コラム9-2　市民性ある学者

　エリー・スクリーブンス（1954-2008）は健康政策の教授として、研究活動を医療サービス提供者と密接に結びつけることに成功し、サービスの質向上に深く貢献した。彼女は、国民保健サービス管理保証支援室、のちのヘルスケア基準室を設立した。また、スクリーブンス教授は戦略的健康政策局の議長を務め、のちにプライマリケア信託の非常勤ディレクターも務めた。

　クリス・ラム（1950-2009）は、植物科学について積極的に遊説する著名な植物学者であった。学者の仕事には公衆の信頼が必要だと彼は考えていた。この考えは、世界の食糧不足について警鐘を鳴らすことに専門分野を役立たせようとする献身に結びついた。彼は、2000年代半ばに起きた一部の脅迫的な抗議にもかかわらず、遺伝子組み換えトウモロコシの商業利用に賛成する演説をおこなった。

　ニール・マコーミック（1941-2009）は、法律の専門家であると同時に、スコットランド独立運動家でもあった。彼は弱冠31歳で、エジンバラ大学で一般法の勅任教授に就任した。スコットランド民族主義を掲げ、五回選挙に出馬し、1999年にはついに欧州議会議員（MEP）になった。彼は MEP として法律の専門知識を活用した。さらにはスコットランド国民党（SNP）の副党首を務め、SNP 党首のアレックス・サモンドがスコットランド自治政府首相だったときに特別顧問も務めた。

　ジョン・ゴルビー（1935-2009）は大衆文化の歴史家であり、英国オープンユニバーシティ歴史学科の草創期メンバーとして、チュートリアル制度、テレビ履修プログラム、および通信課程を導入した。このアプローチは、学生との対面学習とオンライン学習とを組み合わせた「ブレンド型学習」と今日称される学習方法の基礎となった。

(Reisz 2009c, e, k, l)

　市民性ある学者としてよく知られているのは、娯楽と教育の両方を意図したメディア番組に登場することである。ごく少数であるが、一部の学者はメディアの寵児になっている。彼らはその卓越したコミュニケーション能力に、誠実な人柄と外見を兼ね合わせ、アカデミックな話題を生活に持ち込むこと

に成功している。このような役割を果たす学者としては、物理学者（元は人気歌手）のブライアン・コックス、考古学者のミック・アストン、歴史家のサイモン・シャーマなどがいる。これらのメディアの寵児たちのなかには、専門分野に対する公衆の理解向上に重点的に取り組む教授という学術的肩書きをもつ人がいる。英国では公衆の理解向上のための教授職が存在し、オックスフォード大学には科学の、ケンブリッジ大学には危機管理学の、ハートフォードシャー大学には心理学の教授職が置かれている。彼らが直面する課題は、学術的な正確さを保持しながらも、公衆の理解のために複雑な知識を要約し、かつ一定程度まで単純化する必要性とのバランスをとることである。

　メディアの寵児によって、彼らの所属大学は世間の評判を高めることができるが、市民性ある学者が所属大学に収入増や高い名声をもたらすことは少ない。市民性ある学者という役割は、大学資本主義（academic capitalism）の考え方、すなわち市場やその周辺的活動にかかわり、大学に収入をもたらし、国・市場・大学間の境界を融解させるという考え方にあまり合致しない（Slaughter and Rhoades, 2004）。この事実は、人々の考える大学の役割が、公益の追求から、市場の需要を満たすことへ、および大学資本主義に即した知識生産へと移行していることを示している（Slaughter and Rhoades, 2004）。個々の学者の間では、起業家精神はすっかり定着しており、「ゆえに大学に期待されるのは、収入創出を主要目的とする活動を強化することである」（Whitchurch and Gordon, 2010, p.131）。

　大学資本主義が学者の役割、ひいては教授の役割に及ぼしている影響の一例は、学科レベルにおける価値観の変化であり、「学術界における起業家的概念」が登場したことである（Slaughter and Rhoades, 2004, p.197）。大学教授に関する今回の調査で得られた、おそらく最も注目すべき知見の一つは、大学が教授に求めているのは外部資金を稼ぐことであると教授側が認識していたことである（第5章、第6章参照）。このことは、大学が教授を知識生産者としてだけでなく、今日では知的起業家だとみなしていることを示している。この点、市民性ある学者の方向性を幅広くとらえても、大学の収入創出にはあまり結びつかない。

知の越境者

　分野横断（interdisciplinarity）の重要性は、これまで呪文のように繰り返し説かれてきた。この言葉は異分野融合（transdisciplinarity）という言葉とほぼ同義に用いられている。分野横断とは、いくつかの学問分野の観点を（「多様な」学問分野を通して）ただ単に結びつけるだけでない。その多くは、世界が直面している新しい問題や課題に密接に関連して、新しい発想、方法、および学術的領域の生成を含意している。知の越境は、学問分野の再生や進化の過程に必須のものである。分野横断は決して新しい概念ではない。たとえば、化学的手法を使って生物の研究に焦点を当てる生化学の原点は、ゆうに百年以上前にさかのぼることができる。この分野横断の祖と称されるフレデリック・ガーランド＝ホプキンズは、1914年にケンブリッジ大学の最初の生化学教授に任命された。人文学の異分野融合では、人道的問題を探究する方法として、多種多様な芸術的技法や手段を利用した例がある。大学は、往々にして学問分野の越境を熱心に推進している。それによって、学問分野の縦割りによって偏狭になりがちな学問の構造を解きほぐすことができる。さらに学問分野の越境は、当該分野間の関係を強化するだけでなく、大学とビジネス界の結びつきを促進する手段にもなる。

　しかしながら、いくら美辞麗句を並べても、学者の世界で「知の越境者」を目指すインセンティブは限られており、むしろ減退していると考えられる。分野横断が実際には実現困難であることもよく知られている。学問の境界線に関する学者の認識は厳格になりがちであり、結束した学術コミュニティほど、そうなりやすい（Becher, 1989）。このようなコミュニティでは、学問分野の教義や伝統がしっかりと確立されており、その規範を破ると、公然あるいは暗黙の抵抗に遭うことになる。それに対して、ビジネスや経営学など、つながりの緩やかな学術コミュニティでは、その境界の透過性は大きく、近接分野からの「旅行客」や「移住者」に対して敵意が少ない。ピアレビューによる研究評価は、すでに確立された学問分野や細分野を好む傾向があり、既存の学問範囲から逸脱して新しい群れや派閥をつくるような人物を敬遠す

る。こうした傾向は知的空間を閉鎖的なものにしてしまう恐れがある（Barnett, 2005）。

　被引用回数を重視する最近の風潮は、知の越境者の意欲をいっそう萎えさせている。なぜなら、伝統的な学問領域を踏み越えたり、あるいはそれに反逆したりするような論文が発表された場合、その人の業績を引用したいと考える同業者は少ないと考えられるからである。知の越境者にとっては、研究成果を公表することさえ難しいかもしれない。なぜなら、確立された学問領域を守ろうとする査読者は、知の越境者がよその学問分野や細分野に侵入することを好まないからである。

　しかし、このような困難にもかかわらず、知の越境は多くの教授によって実践され、知のリーダーシップの大きな特徴となっている。これらの教授たちは、自分野の特質および他分野との相互関係について定義または再定義することを何度も支援してきた。新しい研究センターは、学問分野の境界線を越えたり、横断したりすることを明言するケースが多い。2009年に設立されたオックスフォード大学の神経倫理学センターがその好例である。このセンターは、新しく登場した神経倫理学分野に、倫理学者、哲学者、神経学者、精神医学者、法律の専門家を集めた。また、コラム9-3に示した事例以上に「知の越境」を実践した学者の例もある。単に学問分野を越境するだけでなく、専門分野を完全に移住してしまった例である。たとえば、ルイス・エルトンは物理学の教授であったが、1960年代に教授と学習の研究分野に関心を寄せ、のちに高等教育学の教授として、第二のキャリアでも大きな成功を収めた。

コラム9-3　知の越境者

　キャロライン・トーマス（1959-2008）は、「セキュリティ」という言葉の意味を再定義しようと試みた。この言葉はそれまで軍事的な安全保障という意味でのみ用いられていた。彼女はセキュリティの概念を広げ、食糧の安全性、衛生的な水の利用可能性、環境安全性、人権、および医療サービスの利用可能性なども、セキュリティの考え方のなかに取り入れた。彼女の業績によって、政治と貧困問題の間に橋渡しがなされた。彼女はグローバル政治学

の教授になったが、この肩書きは、その学識の分野横断的性質を体現している。また、彼女はサウサンプトン大学の筆頭副学長も務めた。

ケン・グリーン（1946–2009）は、環境技術革新マネジメントの教授だった。彼は、テクノロジーを持続可能性の問題に適用することにより、自然科学と社会科学を結びつけようとしたことで知られる。彼は、研究と教育への分野横断的取り組みの一端として、「科学と社会」という教育課程を創設した。また、英国の科学政策の変化を求める運動もおこなった。

オリビア・ハリス（1948–2009）は、ロンドン・スクール・オブ・エコノミクスの人類学の教授であった。彼女は幅広い学術的関心をもっていたことで知られ、その中核は人類学と歴史学を結びつけることであった。これを可能にした一因は、彼女が歴史学と哲学の素養を有し、古典に通じていたことにあった。彼女の研究は、他の学問分野や題材、たとえばジェンダー、フェミニズム理論、法律と労働、お金と動機づけ、などへと展開された。南米で彼女が実践したフィールドワークは、人類学では特に有名である。

アンソニー（トニー）・ベッチャー（1930–2009）は、高等教育研究の分野の発展に尽力した。彼はもともと数学と哲学の課程を卒業し、哲学者として働いていたが、のちにナフィールド財団で *Cambridge Mathematics* シリーズの開発に携わった。ベッチャーは、サセックス大学の教育学教授として高等教育に関する多くの著作を残した。最も有名な業績としては、学究生活に関して画期的な社会学分析をおこなった *Academic Tribes and Territories*（Becher, 1989）を挙げることができる。

（Reisz 2008, 2009b, d, g）

公共の知識人

大学教授が公共の知識人としての役割を果たすことは容易ではない。これまでも決して容易ではなかったうえに、今や企業体と化した大学は、自身が社会にどのように映るかということに過敏になっており、公共の知識人はそうした大学と衝突するようになっている。大学の名声に傷をつけると、公衆

のもつイメージにも悪影響を及ぼし、ひいては入学者数、寄附、および企業からの支援に影響を及ぼしかねない。自分の大学を批判する公共の知識人は、学問の自由の考え方に基づいて、自分の行動を正当化する傾向がある。しかし、そのような飼い主の手を噛むような行為は、大学の同僚にすらも否定的に受け止められるだろう。より一般的には、公共の知識人は公共政策の問題に関する論評や分析にかかわることが多い。

　学者には学外活動の自由が認められてきたとはいえ、公共の知識人の役割を果たそうとする学者を批判する人は、大学の内外に数多く存在する。自分の専門分野から限定的な専門知識しか持っていないとみなされている分野に移行することは、正統性を欠く行為だと一般に思われているからである。第2章にも記したワトソンの辛辣な言葉によれば、学者は自分の真の専門分野から離れれば離れるほど、自分の意見について断定的になるという（Watson, 2009）。ジョンソンも次のように痛烈に批判している。

> このような知識人の特徴は、専門家であると広く認められている自分の専門分野から逸脱して、一般の人と同じく、意見を聞くに値しないとみなされているような公共の問題にも首を突っ込んでいることに、何ら不自然さを感じていないことである。
>
> （Johnson, 1988, p.339）

　これらの学者は、ライト・ミルズが抽象的経験主義（abstract empiricism）と呼んだ考え方に傾倒しており、自らの役割を研究上のエビデンスに基づく知識生産者とみなしている。彼らは、公共政策の問題を論じる際の立ち位置として、こうした問題に共感や関心をほとんどもたない。研究上のエビデンスを重視する経験主義者は、価値判断に携わる正統性を主張する学者を否定しがちである。しかし、ほぼ間違いなく、知のリーダーシップには「どっちつかず」の態度は許されず、立場を明確にする必要がある。ジェームズ・バーンズは、知のリーダーシップと多くの特徴を共有する変革型リーダーシップ（第1章参照）について説明するにあたり、道徳に対する無関心は知的創造性を抑圧し、「自由な精神がもちうる興味関心に敵対する」（Burns, 1978, p.141）ものであると主張した。公共の知識人なら、沈黙を守ることは社会への責任

を回避することだと考える。彼らが考えているのは、学者としての特権を利用して、自由と人権に関係することの多い公共政策の大義や主要問題について支援することである。公共の知識人は、学問の自由を守ることを自分たちの最も重要な学者の責務であるとすることが多い（Thorens, 2006）。

　さらに、公共の知識人の活動は大学の収入増に直接結びつかないため、彼らの役割は企業体としての大学の目標とは容易に調和しない。研究費獲得や専門知識を活用した企業的活動を通じて、教授が大学の収入を増やすことへの要求は、本書で繰り返し強調したとおりである。この要求は、企業体としての大学の使命である知識移転あるいは知識交換に結びついている。ロナルド・バーネットは、「もし、給料分の働きだけでなく、（大学に必要な間接経費を賄うために）給料の倍額を稼げと繰り返し言われたら、『公共の知識人』という概念が表す幅広い市民的役割、あるいは反骨的役割の自由さえも、失われてしまうだろう」（Barnett, 2005, p.109）と述べている。

　公共の知識人としての学者の伝統が社会に深く根づいている場合もある。たとえば、フランスの学者には公共の知識人としての役割を果たすという伝統が最も色濃く残り、英国をしのぐ。英国にはフランスのような伝統はみられない（Barnett, 2005, p.109）。第2章で述べたように公共の知識人の衰退についての著書は多く存在するが、それでも、幅広い聴衆に呼びかけ、世間が関心をもつ問題に取り組むために、自分の学識を社会と結びつけ、これを拡張する方法を見出す影響力のある学者は、今なお存在する。たとえば、文学理論研究家のヘンリー・ルイス（スキップ）・ゲイツは、米国の教育や社会は黒人文学や黒人文化への認識をいっそう深める必要性があると主張した公共の知識人である。自身もアフリカ系アメリカ人であったゲイツは、黒人文学がアメリカ文学から排除されてきた分離主義的な伝統に異議を唱え、これをアメリカ文学のなかに適切に統合する必要性を訴えた。また、彼はアフリカ系アメリカ人の歴史や北アメリカ人の系譜を特集した多くの人気テレビシリーズを紹介した。これは、英国の歴史家アラン・テイラーのように、メディアを通じて幅広い聴衆に訴える公共の知識人の伝統を継承するものである。

　政治的抑圧や不公平が存在する状況においては、公共の知識人の果たす役割はとくに重要である。発展途上国ではこうした問題について公に発言できる学者は、その数が限られていることから、比較的大きな影響力をもちうる。

たとえば、タイの不敬罪法の下では、君主制の役割について公に意見を述べる者は、長期間投獄される可能性がある。チュラロンコン大学の政治科学教授であり、民主化運動の本を書いたジャイルズ・ジ・ウンパコーンなどの学者たちは、これらの法律によって告訴され、国外追放の目に遭った（Travis, 2009）。カイロ・アメリカン大学の社会学の元教授であるサード・エディン・イブラヒムは、いわゆるアラブの春が始まった2011年に実質的に失脚したエジプトのホスニー・ムバラク元大統領を辛辣に批評してきた。イブラヒムは、ムバラク体制に反対し、人権について公に意見を述べた罪で、2000年に逮捕・投獄され、のちに釈放された。南アフリカではジョン・M・クッツェーが、アパルトヘイト時代の社会的・政治的状況について、自身の小説のなかで批判的な論評をおこなっているが、いくつかの問題はアパルトヘイト廃止後も残っている。

第9章の結び

　知のリーダーシップは変革の導入と密接に関連している。すなわち、知のリーダーシップは世界に関する新しい洞察を概念的または経験的に展開し、学問分野の境界を再設定し、専門職あるいはそのほかの応用的実践に影響を及ぼす。知のリーダーシップは公衆の幅広い層だけでなく、学生、学者、専門家の生活にも変革を及ぼすものである。ただし、必ずしもすべての知の活動が社会変革を起こすわけではない。第1章で述べたように、知のリーダーシップは変革型リーダーシップの概念と密接な関連がある（Burns, 1978）。いずれのリーダーシップも、学者の責務に関していえば、筆者が「ソフトな」特徴と呼ぶもの、あるいはバーンズたちが個別的配慮と名づけたものを必要とする。同時にこれらのリーダーシップはいずれも「ハードな」特徴を必要とし、筆者はこれを批評者であり提唱者であることだと説明してきた。端的にいうならば、受け継がれてきた知恵を批判的に分析したうえで、重要なメッセージを発信することを意味する。変革型リーダーシップを扱う文献では、これらの特徴は「目標を定めること」と「困難に挑戦すること」として紹介されている。どちらも、他者を鼓舞し、リーダーについていこうと思わせる

力量を必要とする。しかし、多くの教授を含め、ほとんどの学者は、知識の蓄積に付け足すこと、世界を理解することについて、比較的控えめな貢献しかしていない。ゆえに、知のリーダーというレッテルを安易に貼らないことが肝要である。もちろん、自称することもできない。そんなことをすれば、卓越性や世界水準など、今どきのフレーズに代表される誇張のわなにはまってしまう（Watson, 2007）。知のリーダーシップは日常のノルマではないが、たしかに存在する。むしろ例外的な存在なのであり、一般的ではない。

　本書で述べてきた知のリーダーシップの類型が示すのは、この概念の解釈や実践のあり方はさまざまだということである。公共の知識人または知の越境者のように、学問の自由をゆるやかに定義するような方向性は、企業的な大学の環境では普通は奨励されない。企業的な大学はイメージに敏感な組織であり、市場評価の向上や外部資金の獲得に努め、政府予算への依存度を小さくしようとしている。一方、知のリーダーシップのうちこれらの方向性を重視する学者は、現状維持への異議申し立てに関心をはらうので、彼らは大学の有用な資源というよりも、評価を下げうるリスク要因とみられる恐れがある。残念ながら、今日では学問の自由の考え方をより限定的に果たす役割、とりわけ知識生産者や知的起業家のほうが優勢である。このような傾向は、グローバル大学の現代イメージや方向性に合致している。こうした大学は、企業体としての大学の目標に貢献する教授陣を擁している。学術的生産性と起業家精神は、大学に対する世間の注目度や評判を高めてくれる。その際には、とりわけ公共の知識人としての教授の役割といった厄介な論争に首を突っ込まずにすむ。しかしながら、我々は教授の役割を知識生産者や知的起業家としてだけでなく、それら以上のものとして理解する必要がある。教授の本来の仕事とは、自身が職責において批判的良心を持ち続け、かつ大学にも同じ役割があることを所属先の大学に気づかせることなのである。

第10章

道徳的指針を手に入れる

　第4章における主張は、大学における研究課題が組織的に集約された結果、知のリーダーシップのための責任を大学が手離してしまったということであった。この役割は、研究が役立つか、収入を生みだすかどうかによってその活動を正統化するという、経済的に定義された手段にとって代わられた。自由な探求から経済性によって定められた課題へと重点が移ったことにより、大学は今、本来のアイデンティティを見出しづらくなっている。大学のアイデンティティは、好奇心に基づく自立した学者精神から、顧客やスポンサーである政府や企業のニーズに見合ったサービス機能へと移行したのである。

　大学が政府、企業、社会からの多種の要求に直面したために、そのアイデンティティは幾多の危機に瀕している。大学は、効率的で、ビジネス志向で、さまざまな関係者のニーズを満たす組織であるように求められているのである。たとえば、学生は自分たちの権利に対する意識を強めて学費に見合う価値を求めるようになり、これまでより高学歴で自己主張が強い世代の両親も子どもに対する教育の共同投資者として［学生である子どもと同様に］振る舞い、卒業生の雇用主は学生に産業関連のスキルをもたせるように大学に望み、政府は少ない公的資金をより効果的に使うよう迫っている。このようなアイデンティティの危機のなか、公立大学は、公正で道徳的な社会のために自身が貢献できているかを問うことになった。

　大学にはまた、複数の利害関係者の要求を満足させなければならないのと同時に、もう一つ重要な役割がある。それは、道徳的および知的な問題に対してリーダーシップを発揮することである。筆者の考えでは、大学は、収入の追求と知のリーダーシップへの明確な貢献とを均衡させるべきであり、それには、学問の自由や民主主義という価値観を擁護し具現化することが必要である。大学の重要な責務の一つは、「社会における批評者かつ良心（critic and conscience of society）」（Malcolm and Tarling, 2007, p.155）になることだが、現在の大学はこれを放棄しているように思われる（Hornblow, 2007）。「批評者かつ良心」という語句は、学問の自由と学者の責務を融合した知のリーダーシップを個人レベルで提供するのと同様に、このようなリーダーシップを大学が提供するとはどういうことかを教えてくれる。

　本章では、知のリーダーシップが大学に示唆することと、これに対する大学の貢献をどのように刷新できるのかについて、探求する。そのために、トーマス・ドナルドソン（Donaldson, 1989）が開発した倫理手順を利用しよう。この手順は、企業などが外国で国際事業を展開すべきかどうかを決めるために開発されたもので、大学が海外との連携や海外キャンパス設立を決断する際に、意思決定の道徳的指針（moral compass）として使用しうるものだからである。大学はビジネス組織ではないと一般に考えられているが、その活動はますます営利企業の活動に似てきている。大学は学費を支払う学生を誘致し、コストに見合わない科目や学科・専攻を閉鎖し、地球規模の新しい市場を獲得し、自分たちの知的資産の利用を進めようとしている。きわめて多くの私立大学や公立大学が、自分たちの収入を多角化させ、国家による財政支援からすこしでも自立しようとしている。

海外展開というゴールドラッシュ

　大学が自分のアイデンティティに関して抱く困惑や、大学が直面している利害関係者からの要求を考えると、一部の大学が道徳的指針を失っていても驚くことではない。以前は、公立大学と私立大学の間には明確な違いがあった。しかし、この差異は次第に曖昧になってきている。現在、多くの公立大

学は、収入の半分以上を、卒業生からの寄附、投資、知的財産の利用といっ
た、自主財源に依存している。たとえば、香港大学が政府から得る収入は約
六割にすぎない。残りの四割は、授業料やさまざまな助成金、投資収入であ
る。英国の一流公立大学において、公的資金の割合が収入の半分以下しかな
い例としては、キングス・カレッジ・ロンドンがある（King's College London,
2011）。

　この傾向の一因は、就学率と大学数が増えているために政府からの高等教
育への助成が広く薄く配分されていることである。学生数と大学数が増加す
る一方、提供される公的資金はかなり少ない。大学は少ない資金で多くのこ
とをしなければならず、ゆえに収入の多くを自主財源に求める。同時に、公
共的使命や宗教的使命をもつ非営利の私立大学も、フェニックス大学のよう
な営利目的の私立大学も、高等教育へのさらに高まる要求に便乗して、拡大
してきた。多くの国で高等教育助成の規制緩和が進んでおり、私立大学の経
営者は、学生の奨学金や貸与金の助成という形で、直接・間接に、公的支援
の恩恵を得られるようになってきている。その結果、私立大学と公立大学の
区別に加え、大学というものの性質も曖昧になっている。

　私営と公営の区別の曖昧さは、大学に影響を及ぼしているだけではない。
企業やその従業員にも影響を与えている。企業の社会的責任（CSR：corporate
social responsibility）の重要性が高まり、企業の倫理的評価に対して常に厳し
い目が向けられている。ミルトン・フリードマンは40年前に、企業の唯一の
社会的責任は株主のために利益を増やすことであると主張した（Friedman,
1970）が、これはもはや通用しない。いまや企業の活動は、環境に及ぼす影
響や、企業が職場で推進する平等と多様性の程度によっても、評価される。
事象をすばやく広めるインターネットの力によって、職場内外の従業員の活
動の区別は曖昧になり、さまざまな無分別な言動が明るみに出やすくなった。
わかりやすい事例として、2011年にフランスの高級服飾メーカー、クリスチャ
ン・ディオールのチーフ・デザイナーがバーで反ユダヤ主義の暴言を吐いて
いるところを映像に撮られ、ディオールがそのデザイナーを解雇する決断を
下したというものがある。いまや、大学も民間企業も、世論という法廷で裁
かれる。評判が重要な役割を果たすのである。

　したがって、公立大学は、より商業志向、ビジネス志向になるように強い

られており、気づけば、抜け目のない策略家になる努力と、高い公共的・倫理的行動規範の維持との板挟みになっている。最近、このような役割対立により、倫理的不祥事が続けざまに起きている。2010年に中東で起こった政治的・社会的混乱の最中に、ロンドン・スクール・オブ・エコノミクス（LSE）が、当時のリビアのリーダー、ムアンマル・カダフィ大佐の息子が運営する慈善団体から150万ポンド（およそ二億円）の寄附を受け取ったことが明らかになり、一般市民による批判の嵐に巻きこまれた。LSEのハワード・デイビーズ校長は、責任をとり、辞任した。ケンブリッジ大学の筆頭副学長も、中東向け代表団の一員として英国の兵器製造業者の代表と同行したことがわかり、批判を浴びた。また、フランスと米国には、リビアの外交官の訓練を手助けしていた大学もあった。しかしLSEの事件は、昔から大学に影響を及ぼしてきた倫理論争の最近の一例ともみなせる。2000年にさかのぼると、企業から大学への資金援助に関してあまりにも皮肉な事件があった。ノッティンガム大学が、ブリティッシュ・アメリカン・タバコから380万ポンドを受け取って、CSR国際センターを設立しようとしていたのである。

　私立大学の拡大により、公立大学へのプレッシャーが大きくなっている。大学は、すべての人に、あらゆる面で尽くすことはできない。公立大学が密かに私立大学化するにつれ、高等教育に私たちが要求する水準や原則は、ますます厳しいものとなる。問題は、現在の大学があらゆる人のためにすべてをこなそうとするやり方にある。当惑するほどにさまざまな利害関係者への献身を宣言するミッションステートメントの不毛さをみれば、明らかである。大学における本質的緊張は、相反する価値観の間にある。一方の価値観は、科学的・学術的成果の観点から定義された卓越性（excellence）こそが大学が第一に追求すべきものという主張で、もう一方は、これまで不当に扱われてきた人々へのアクセスと機会の平等に関する公平さが第一の目標であるとする主張である（Trow, 2010c）。この30年間に高等教育が拡大したことで、この緊張関係はさらに鮮明になった。高等教育を受ける人々が地球規模で大幅に拡大し、高等教育が成長するにつれ、一流の研究大学と、それと同じ基盤では張り合えない大学との分化が加速した。欧米社会には、大学が信頼できる学術的価値観の砦という昔からの役割を担ってほしいという期待が広く存在するが、それと同時に、大学はあらゆる金儲けの好機を逃さない抜け目

のない事業家にもなる必要がある。こうして大学は、ビジネスに向き合い、かつ公共心にあふれるという二面性をもたざるを得なくなった。経済的効率と社会的責任を併せもつことは、賞賛に値する行為に思われるが、これを実践することは困難である。妥協せざるを得なくなれば、経済的効率が優先されるのが世の常である。

大学は倫理方針の策定を進めてきた。しかし、国際展開における指南には乏しく、受け入れ国の法律遵守や「文化の尊重」を除いては、ほとんど言及がない。価値中立的なアプローチを進めた実例として、英国産業・高等教育カウンシルが作成した倫理綱領の抜粋を以下に示す。

> 大学は、法律を遵守し、法の精神に基づいて、活動先の国や地域社会の経済的安泰と社会的発展への貢献に取り組むことを約束する。

（CIHE, 2005a, p.6）

たばこ企業や兵器製造企業など、特定の企業との取引や投資を除外することは、比較的容易であるが、どの国と関係しないかを決めることは、ほとんどの場合において、かなり難しい。どの国が民主的でどの国がそうでないかという単純な問題ではない。最近、アジアの一部、とくに中国や中東の国々に対し、欧米の大学からかなりの投資が実行されている。大学は、世界のなかで急速に発展を遂げるこれらの地域にキャンパスを設置し、急速に高まる高等教育需要を利用して利益を得る機会をうかがっている。

2006年、ノッティンガム大学は、中国教育省の許可を得て、中国の寧波市にキャンパスを開設した。2010年、ニューヨーク大学は、アラブ首長国連邦のアブダビにキャンパスを開設した。米国の公立大学のジョージ・メイソン大学は、2005年から、アラブ首長国連邦の別の首長国の一つ、ラアス・アル＝ハイマにキャンパスを設置している。ニューヨーク大学も、上海にキャンパスを所有している。イェール大学は、中国の大学ときわめて多くの提携を結んでおり、シンガポール国立大学と共同で米国式のリベラル・アーツ・カレッジを開設した。ほかにも、とくに米国、英国、オーストラリアの多くの大学が幅広く国際提携を実施しており、独裁的・非民主的な政治体制や人権侵害がみられるアジアや中東地域の一部の国において学科やキャンパスを設

立している。これらの活動は、まるでゴールドラッシュのようである（Ross, 2011）。民主主義の伝統や学問の自由が根づいていない地域への高等教育の急速な拡大に伴うリスクについて、米国大学教授協会の声明には、次のような警告が含まれていた。

> 独裁的・専制的に統治されている国の高等教育に米国やカナダが入りこんでいくと、学問の自由、同僚制による大学統治、無差別という基本的原則が守られにくくなる。自由な発言が、禁止までには至らずとも、制限されているような受け入れ国の環境では、大学教授は自分自身を検閲するようになるし、純粋な自由主義教育の理念は、そのような環境でも許される程度にまで、損なわれるだろう。
>
> （AAUP, 2009）

　公共サービスという倫理に基づいて大学の役割を考えるというのが欧米的観点であるが、これを発展途上国が共有しているとは限らないことにも留意しなければならない。高等教育は経済的発展の手段としての役割を強め、その市場が大きくなっている。一部の発展途上国においてはそのような理由で高等教育が成長しており、公共サービスのしるべとなることや、知のリーダーシップのための批判的良心（critical conscience）になることのためとは限らないのである。

倫理手順

　大学の倫理方針は、研究上の倫理や、男女平等、人種的平等、ハラスメント、利益の対立といった被雇用者に影響を及ぼす問題に狭く解釈されることが多い。倫理という言葉は、何ゆえにか誤解され、研究に関する倫理と同義になっているようである。英国の大学への調査では、ほとんどの大学が、研究倫理綱領以外に、倫理に関する文書がないと表明している（CIHE, 2005b）。また、この調査により、78％の大学が倫理委員会をもっているが、これらの委員会のうち「少なくとも61％が研究倫理専門の委員会」（CIHE, 2005b, p.33）

であることがわかっている。調査された約100校の大学のうち、研究倫理に特化しない、もっと一般的な倫理、または事業遂行方針を定めていたのは、わずか七校であった。企業からの財政支援、外国への投資、海外での事業遂行に関するさまざまな倫理問題について、正式に考慮している大学はほぼないに等しい。たとえば、製薬企業から大学における研究に対して財政支援がなされる場合には、科学の公共的進歩のために、時期を逸せず、速やかに結果を公表するという自由が、学者から奪われる可能性がある。

　安易な対応は、文化相対主義を隠れ蓑にして、問題が起こらないことをひたすら願うことである。欧米の大学がときに、世界に展開したキャンパスで働く大学教員の学問の自由を保障する合意を、現地政府から得ることができたと主張することがある。たとえば、アブダビのニューヨーク大学は、新キャンパスに、言論と行為を保護する「文化ゾーン」をつくる合意を当局と結んだと主張したが、この話はのちに撤回された（Ross, 2011）。しかし、たとえ、そのような文化ゾーンについて合意ができたとしても、それは緩衝材で包むかのようなアプローチでしかなく、学外にまで学問の自由が拡張されたり、現地の大学教員や学生まで保護したりするものではない。言い換えれば、政治的意見が抑圧されたり、一般市民が民主的な保護をされなかったりといった、現行の文化を変えることはほとんどできないのである。

　大学がその道徳的責任を考慮するにあたっては、国際ビジネス倫理の著作で広く知られるドナルドソンが設計した倫理手順（Donaldson, 1989）を利用できる。大学は、企業組織というイメージをもたれることをきらうが、多くの大学は、ライバルとの競争、新市場の開拓、新しい収入源の創出など、企業と大差のない活動をしている。ドナルドソンは、自国以外の国でビジネスを展開する組織は、「自国」と「受け入れ国」の間での基準の不一致を分析しておくべきだという。自国とは、投資やビジネスを実施しようとしている組織が基盤とする国を、受け入れ国とは、その組織が投資しようとしている先の国をさす。

　自国と受け入れ国との間に不一致がある場合、最初に問うべき問題は、受け入れ国の慣習の基盤となっている道徳的な理由が、経済発展の水準に影響されているかどうかである。つまり、もし、その受け入れ国が経済的により発展していた場合に、その慣習があるかどうかである。一例として、製造プ

ロセスにおける汚染許容水準が挙げられる。英国と米国において、その工業力が高まりつつある時代には許容されていた汚染水準は、のちに工業力が発展すると両国の状況に合わなくなった。規制により、次第に汚染水準は下げられた。つまり、この［許容水準の］差は、国の文化に根ざしたものではなく、経済発展の水準によるものであった。ドナルドソンはこれを1型不一致（type 1 conflict）と呼んだ。

　高等教育に関する1型不一致の例は、受け入れ国において大学に入学する若者の割合が非常に低い場合である。現在、多くのアフリカの国や一部のアジアの国でみられる状況である。経済発展のための資金不足は、ごく一般的に、大学への就学状況が、多くの欧米諸国と大きくかけ離れていることを意味する。南アフリカの政府は、高等教育就学率を2015年までに20％に増加させようという目標を設定していた。しかし、たとえば英国でも、1962年に大学生である若者の割合はわずか6％と南アフリカと同様にとても低かったし、1980年代半ばになっても15％と少なく、さらなる増加が生じたのはそののちのことである。したがって、受け入れ国における大学生の割合が低く、エリート型高等教育である場合、それは本質的に1型不一致である。自国との不一致の基盤となる道徳的理由は、その国の経済発展の水準によるのである。

　ドナルドソンは、2型不一致（type 2 conflict）についても論じた。これは、「その行為が許容できるという受け入れ国の考えの基盤となる道徳的理由が、受け入れ国の経済発展の相対レベルと無関係な場合」（Donaldson, 1989, p.102）である。もしそのような不一致があったら、組織は二つのことを自問しなければならない。

　　・その行為を実施せずに、受け入れ国でビジネスを成功させることは可
　　　能か？
　　・その行為は、基本的な国際的権利を明らかに侵害するものか？

（Donaldson, 1989, p.104）

　このうちのどちらか一つでもイエスの場合、その行為は許されないとドナルドソンは主張する。もし受け入れ国が、その市民を審理なしに逮捕、起訴、あるいは死刑にするなど、国際的に通用している人権を明らかに侵害してい

れば、わかりやすい。しかし、大学にとっての倫理的課題は、人権侵害があるとされる国に留まらない。難しいのは、一つめの質問にいかに答えるかである。アパルトヘイト政策をとっていた南アフリカ共和国で、多くの企業は、当時横行していた差別的行為をせずに現地で活動できると主張していた。つまり彼らは、差別のない独立した環境を提供できると主張したのである。一組織が、国際的権利に反する行為に手を貸さずにいることなど、可能だろうか。アパルトヘイト政策をとっていた同国で、高処遇の雇用機会を相応の能力をもつ人々に提供するとなれば、少数派の白人に提供することとほぼ同義であった。これを、組織が間接的に（人種差別的）行為に手を染めていないと、純粋にいえるだろうか。

　同様の困難な状況が、マレーシアをはじめとする国にもみられる。たとえば、オーストラリアや英国のいくつかの大学は、マレーシアの高等教育に深く関与している。モナシュ大学もノッティンガム大学も、マレーシアにキャンパスを開設している。マレーシアは、民主的な政府をもつ、ゆるやかなイスラム国かもしれないが、40年以上にわたり、多数を占めるマレー系の優遇政策をとってきた。つまり、ほとんどの公務員、警察、陸軍新兵がマレー系なのである。彼らは、住宅費の割引、ほぼすべての公共事業の請負、大学への優先入学の権利までも有する。そのため、長年、中国系マレーシア人の学生は、大学教育を受けるために外国に行かざるを得なかった。中国系やインド系の人々は、何世紀もマレーシアに住んでいるにもかかわらず、生粋のブミプトラとはみなされない。

　この政策は、一方では、歴史的な不平等の形を是正する差別是正措置といえる。しかし、厳しい解釈をすると、これは人口の約三分の一を占める中国系およびインド系マレーシア人に対するあからさまな人種差別である（Hashim and Mahpuz, 2011）。他国には、少数民族に対する多くの差別是正措置をみることができるが、マレーシアでは、少数民族よりも多数派民族に恩恵がもたらされる措置である。しかし、望ましからざる政策をもち、その国で事業を展開しようとする者をみな倫理問題に直面させるという批判に見舞われる国は、マレーシアだけではない。

　たとえば、サウジアラビアで学位プログラムやキャンパスを設立しようとする大学は、世界のなかの急速に発展している地域において、自分たちは男

性にも女性にも機会を与えることができると主張するかもしれない。すこし穿った見方をすれば、こうした大学は、基本的人権の問題を十分考えずに、新興成長市場から利益を得ようとしているといえる。しかし、男女共学をはじめとする諸々のことが認められていない状況で、サウジアラビア社会における女性の地位が、文化的な面からの曖昧な定義に基づいているのか、あるいは、国際的に通用している基本的人権の否定であるのかを決めるのは、困難である。

　そうであるならば、もしその行為が国の経済発展レベルと無関係の場合、大学は、自らはその行為に手を下すことはなく、または、ある意味で黙認しながら、良心に従ってビジネスを進めることができるだろうか。いずれにせよ、その行為は基本的人権の侵害ではないだろうか。もし、最初の質問の答えがノー、二つめの質問の答えがイエスなら、大学は先に進む前に真剣に考えるべきである。マレーシアやサウジアラビアの事例は、これらの質問が難問であることを示している。大学もほかの組織と同じように、これらの受け入れ国に存在するある種の行為について、黙認もせず、直接に手を下すこともしないと主張できるかもしれない。他方で、大学はその存在だけで、これらの行為を正統化しているとも論じることもできるかもしれない。

　経済発展は民主主義に先行する必要があり、その逆を期待することは非現実的であるし、文化的にも傲慢であると主張されることがある。これは、マレーシア首相を二度経験したマハティール・モハマドが「人は、投票の前に食べなければならない」という言葉で示したような現実主義によっても、実証されている（Kwa, 1993, p.28）。シンガポールなど、高度成長を遂げる多くのアジア諸国は、国によるメディアへの厳しい取り締まりや言論の自由に対する制限を継続しながら、国家と市場を混合基盤とする政策[1]をとることにより経済成長を実現できた、「開発独裁」（Osinbajo and Ajayi, 1994）国家であると指摘されてきた。国の経済発展水準は、必ずしも、国際水準の人権が保障される程度を表す指標ではないのである。

　ドナルドソンの手順は、事業を始めようと相手国に働きかけるに際して、

1）シンガポールでは、市場経済の発展に向けて、政府が産業インフラを整備したうえで外貨資本・外国技術の誘致施策を導入してきたことをさす。

投資すべきかどうかを事前に検討するための枠組みを大学に提供している。私が主張してきたように、大学はどうあがいても八方美人にはなれない。大学が特色のある組織として尊敬され、信頼され続けるつもりであれば、どこかに譲れない一線を引かなければならない。ドナルドソンは多国籍企業のジレンマを以下のように示したが、同じ問題が大学にも存在する。

> 多国籍企業は、母国社会をひな形にしてすべての社会をつくり直したい誘惑を断ち切らなければならない。同時に、十分な見返りを得られるときに、倫理観を都合よく忘れる相対主義を否定しなければならない。
>
> （Donaldson, 1989, p.103）

　ほぼすべての大学が倫理方針を定めているが、委細をみると、それらはほぼ例外なく、研究倫理についての大学教員の責任に焦点がある。研究対象となる人の扱いについて、国際的に認められた指針に違反しないようにしたいのである。これは、前述してきたことと同様に、倫理性が意味するこれ以外の面（たとえば著作権）を熟慮していない限定的な研究倫理の考え方である（Macfarlane, 2009）。これらの方針は、［大学の］評判の管理であり、訴訟リスクの抑制であると認識することも重要である。大学が、一組織として考え抜いた原則や理想に傾注することを表明しているわけではないのである。理想主義ではなく、実用主義なのである。

再結合

　［大学における］ゴールドラッシュは、学者個人に教育者としての役割を自覚させるという影響を及ぼしている。筆者は、大学が海外キャンパスや共同学位プログラムを開設することにより、外国での影響力を強めてきた点にとくに注目してきた。ゴールドラッシュには、大学が外国の学生を自国のキャンパスに引き寄せ、教育しようとしているという面もある。また、より国際的もしくは全世界的なイメージを得たいと駆り立てられているためでもある。さらに、大衆化した高等教育において、学生一人あたりの政府補助金が減少

し、大学は支出に見合う新しい資金獲得の方法を探しだし、収入源を多様化させなければならないからでもある。次の引用が示すように、大学は、この傾向に伴ういくつかの倫理的問題の議論を積極的に奨励しようとは、必ずしも思っていない。

> 私が出席している教授会のつい最近の会合で、カリキュラム開発について議論したとき、学部長は、大学の財政は授業料を支払う留学生や地元の学生の増加にかかっているので、そのような学生を惹きつけられる教育プログラムを開発する必要がある、と強調した。私はそれに対して、現代世界は環境問題、政治紛争、「文明の衝突」といった問題に悩まされているので、他者のニーズや文化的寛容性の要求に対して適切にリーダーシップという役割をとれるように学生を訓練することが重要ではないかと提案した。学部長は、そのようなことを実施するための財政支援を大学は受けていないと応じた。
>
> （Van Hooft, 2009, p.86）

　大学は、自らの倫理的責任について、視野を拡げて考える必要がある。大学は、事業の相手が誰なのかをより慎重に考慮しなければならないだろう。一例が、外国人留学生に対する責任について考えることである。国外からの留学生に対する十分な支援と手引きを確実に提供することは基本的な必要条件であるが、大学はこのほかに、学生間の統合についても考えるべきである。外国人留学生は、自国の学生とは別のクラスで教育を受けるのだろうか。もしそうであるなら、このような分離は、社会的・道徳的根拠に基づいて、どのように正当化できるだろうか。市場開拓の責任という別問題もある。詐欺目的ではなく真実に基づいて行動することは当然として、大学が取り組むべきことは、自分たちが招いた学生に対し、成功するための現実的な機会を確実に提供することである。学生の学習ニーズに応じた支援を約束したら、これを反故にしないことである。「誰でも成功できる」という魅力的なスローガンは、実際に学生にとって適切な支援環境を提供し続けない限り、虚しい宣伝文句にすぎない。大学は、その固有の価値観から外れた基準や行為を採用するのではなく、信頼、誠実、公正、共感に基づくマーケティング関係を

発展させることにおいて、道徳的リーダーシップを発揮すべきである（Gibbs and Murphy, 2009）。

第10章の結び

　経済的な福祉と発展に貢献するという大学の役割が、強まっている。高等教育機関は、人的資源の発展を手助けする重要な役割を果たし、経済的繁栄を持続させる基礎をもたらしうる。しかし大学は、この限りのものではない。大学は市民社会や地域社会の発展に貢献できるのである。大学は、ただ新しい知識を生産するのではなく、道徳的リーダーシップを提供できる存在である。当然ながら、教授をはじめとする大学教員は、学問からの収益を目指す事業家（academic capitalist）ではなく、公共の知識人（public intellectual）であることを自覚するように奨励されるべきである。しかし、個々の学者が自分の役割をこのように認識するためには、佳き見本が大学によって組織的に示されることが不可欠である。

第11章

教授のリーダーシップを取り戻すために

　本章では、大学執行部に向けた助言という形で、リーダーとしての教授の役割を取り戻す方法を示そう。それはすなわち、これまでよりも明確に教授の役割を定義することである。このことは、高等教育が地球規模で拡大し、それに伴って教授職も増えた状況において、必須のことである。この背景には、高等教育自体の性質が変化したことがある。筆者は本書において、教授は以下のことをしなければならないと、一貫して論じてきた。

① 　学問の自由という特権と学者の責務とを均衡させること
② 　知のリーダーの役割である、知識生産者、市民性ある学者、知の越境者、公共の知識人のうちから、一つ、または複数を担うこと

　一つめの点は、教授が、自身がおこなう教育と研究にも、所属大学を含めた他者の発展にも、ともに満遍なく献身しなければならないことを意味する。教授の役割がいずれかに限定されることもあろうが、たとえ研究主体の教授であっても、責任をもって市民性ある学者としての仕事にも携わらなければならない。教授だからといって、利己的でよいとみなされるべきではない。大学教授が、健全で、生産的で、影響力のある学術の専門職であり続けるには、同僚としての責務［を果たすこと］が不可欠である。

　大学も教授を、強力な研究者（研究型教授）あるいは大学執行部のメンバー（経営型教授）とばかりみなしてはならない。筆者は、実務的役割を超えたところでの、知識生産者、市民性ある学者、知の越境者、公共の知識人という方向性を提案した。現代の大学は、教授の役割を、研究者もしくは経営者のどちらか一方と考えがちである。それによって、高等教育は二分され、軋轢が生まれている。また、教授が所属大学の内外において種々の方法で知のリーダーになれることが、うまく伝わっていない。だからといって、研究や大学経営が重要でないということではない。筆者が主張したいことは、教授は、広義の知のリーダーとして、より多くのことを成し遂げられるということである。こうしたことが実際に成し遂げられていながらも、それらが明確に説明されることはめったにない。

　［大学として］必要なことは、教授への期待を再検討し、ニーズと役割とを別のものとして認識することである。これには、教授をその役割を果たすことができるように育て、教授という地位は新たなスタート地点であって学者としてのキャリアの終着点ではないと自覚させること、教授にコスモポリタンとしての役割だけでなくローカルとしての役割を果たすことを奨励し、それが報われるようにすることなどが含まれる。理想的な教授とは、「コミュニティに根ざしたコスモポリタン（rooted cosmopolitan）[1]」である（Nixon, 2010b）。

　これらの目的を達成するための私の提案は、以下のとおりである。

1．教授を導き、育成する

　これは自明のようだが、あえて言及せねばならない。教授、とくに新米の教授は、ほかの職業と同様に、助言指導を受け、役割をうまく果たせるように育成されるべきである。しかし、そのような実践はほとんどなされていないことが、これまでの筆者の研究で明らかになっている。ほかの研究者も、［教授に対する］期待だけは繰り返し示唆されているものの、明瞭に述べられ

[1] p.144（第8章）参照。

てはいないという意見で一致している（Rayner *et al.*, 2010）。任命基準を満た
した教授はただちに知のリーダーが務まるものと、想定されているのである。
しかし、教授とは生まれながらのもので、育っていくことはないのだろうか。
教授には、学者の責務と学問の自由を履行するのに必要な特質と能力が、初
めから備わっているものだろうか。教授になるための基準はおおよそ個人の
業績であるが、その一方で、教授であるためには、スキルと気質のバランス
に優れることが必要である。教授は育つものではなく生まれつきのものだと
仮定することは、博士号をもつ者は必ず優秀な教師になると考えるのと同様
に、根拠を欠く。

　筆者の調査では、大学が教授に求めていることについて、助言指導も透明
性もないと教授たちが感じていることが明らかになっている。教授たちは、
大学が教授に何を期待しているのかを、大学が明確にしていないと感じてい
る。次のコメントにそれが表れている。

> 「大学は、教授に依存したり、教授が自らのなすべきことを決めるに任
> せてばかりいるのではなく、経験豊かな教授のリーダーシップの資質や
> 経験を、もっと系統立てて効果的に利用できるはずだ。」
>
> （歴史学　教授）

> 「思うに、大学は大学側の希望をまったく明確にしていない。昇進委員
> 会では明確だけれど、それ以降は、実績を測定したり対処・管理したり
> はしない。」
>
> （健康科学　教授）

> 「リーダーシップの役割について、教授を対象とするトレーニングはあ
> るだろうか？　あるなら、すばらしいけれど。現在は、昇進／任命委員
> 会がしていること以上の期待はできないようだ。」
>
> （言語学　教授）

> 「同僚は、多くの成果を発表するのがそれ（すなわち、教授であること）
> と考えがちだが、実際に重要なのは、社会的政治的資本を形成したり、

　そのネットワークを拡げたりするための仕事を引き受けることだ。」

（経営学 教授）

　教授のリーダーシップは、どのように育成されうるだろうか。ここで筆者は、長ったらしい義務講習のような形で正式に認定された訓練や教育を実施することを提案しているわけではない。そんなことは明らかに非現実的である。ただし、少人数や個人向けに、短い講習や対象者を絞った講習をする事例はある。たとえば、新任の大学教員が教育方法について指導されるのと同じように、新たに任命された教授に対しても教授であることの意味についての一日入門講座が開催されれば、一般的な意味でも、また大学の期待［を伝える］という面でも、役立つだろう。しかし、大学の味気ない「手順や手続き」へ誘導するつもりはない。教授には、どのようにして自分の役割を明確にするかの議論に参加してもらう必要がある。この研修がどのような形態であろうと、教授の役割はとても幅広く、自らの論文業績を追求したり、優れた学術ネットワークを形成できるようになったりするに留まらないことを、研修で強調することが重要である。教授は、知識を生産し、その知識を基に事業を起こすことを期待されるのが一般的であるが、知のリーダーのモデルとしては［これ以外に］、筆者が第9章で示したような三つの代案（あるいは、付加的な方向性）がある。

　さらに、学者には、キャリアの初期段階で知のリーダーシップについて考えさせる必要がある。教授になるために学者が実際に受ける唯一の訓練は博士号をとることであり、しかも必ずしもすべての教授がこの資格を有しているわけではない。とくに、実務的な分野の教授がそうである。したがって私たちは、知のリーダーシップの意味について博士課程学生に説明する活動を強化することを検討すべきであろう。知のリーダーシップとは、単に、助成金申請書を作成したり、論文を発表したりすることではない。建設的で巧みな査読技術を身につけ、知的ネットワークを拡げ、学術のトレンドを生みだしたり批評したりし、チームで実施する学際的研究を理解したうえでそこに参画し、学者でない一般の聴衆を研究プロセスや研究成果の応用に巻きこむ方法を学び、新参の研究者の相談にのり、学問の自由を育むことでもある。

2．水平的なアカデミック・キャリアも奨励する

　学者のキャリアは直線的にとらえられるのが慣例である。年月を経るにつれて下位から上位へと昇進していくが、これは滑りやすいポールを登っているようなものである。最初の数年間は「駆けだし」であり、その後「成熟」期、続いて「確立」期に入り、ゆくゆくは、約25年の勤務ののちに「長老」となる（Bayer and Dutton, 1977）。この分類は、学者のキャリア段階ごとの研究成果の評価に利用されているものである。しかし、この評価研究の結果は、さまざまな学問分野において「職歴年数（ないしテニュア取得状況）は、研究活動の予測変数として不十分である」（Bayer and Dutton, 1977, p.279）というものであった。つまり、職歴年数による分類は、私たちが考えるほど重要ではない。その人にどれだけの経験があるか、より端的にはその人の年齢を示しているだけであって、その人の学者としての影響力や業績を十分に示すものではないのである。

　学者のキャリアを考える場合の基本型は、今もなお、フルタイムの博士課程を修了してアカデミックな職業に就くというものである。しかし、このような学者のキャリアの考え方は、大学において職業訓練科目が増えていることに鑑みれば、かなり時代遅れである。博士課程を修了して大学に職を得るのではなく、実務的な専門家としての経験を積んだのちに大学に転職するようになってきているのである。したがって、年齢と大学における勤務年数が必ずしも対応しない。拡大した高等教育システムにおいて、変化し多様化しているのは学生だけではなく、教授陣にも同じことがいえるのである。こうした分類には、大学教員が一つの大学でその職歴の多くを過ごすという前提もあるだろう。入職したばかりの大学で長老的な役割を担うとは考えにくいからである。

　したがって、学者のキャリアは、垂直方向だけでなく、水平方向にも考える必要がある。学者は、キャリアを築く過程で別の道に入ったり、上に移動したりしながら、さまざまな役割を引き受けていく。前述したように、学者の役割は一意ではなく、さまざまな類型に分かれている。現代の役割を分析

したオーストラリアの研究では、学者が六つのタイプに識別されている。教育・研究・サービスを相応に担う「古典的な学者」のほかに、現代には「サービスに取り組む学者」、「専門分野の研究リーダー」、「管理運営するリーダー（senior academic leader）」などがある（Coates and Goedegebuure, 2010）[2]。

　実際に、学者はこれらのさまざまな役割を、キャリアのなかで引き受けていく。同じことが、教授、とくに職歴の比較的浅い時期に教授に任命された人にも当てはまる。齢40代前半で教授に任命されたような人は、最初は、研究型教授としての期間を過ごし、学術的な評価をさらに高めるために時間を費やすだろう。そして、しばらくすると、自分の学科や部局のリーダーシップを引き受けつつ、古典的な教授としての役割をより多く果たすだろう。数年にわたる学科長としての務めを終えたら研究型教授としての役割に戻り、影響力の大きい仕事を成し遂げて看板教授になれるかもしれない。あるいは、経営型教授としてのキャリアに進むことを決断し、のちに、学部長や副学長といった大学執行部の一員になるかもしれない。つまり、教授のキャリアは、ほかの学者にもまして、もはや直線的ではない。このように直線型キャリアでなく、水平型キャリアであるほうが一般的であり、このことを執行部は理解し、支援しなければならない。

　教授を任命することには、［教授になる本人が］その任命をキャリアにおける最高の功績とみなしてしまうリスクを伴う。それによって、生涯をかけた学者としての努力が終わってしまうかもしれない。教授への任命は、個人としての価値を肯定するものであり、長期にわたる多くの学術的業績に基づくのが通例で、すばらしいことである。しかし、教授任命という象徴的な出来事によって、これが最終地点ではなく、新たな職歴段階の始まりであるという事実が覆われてはならない。最悪の場合、教授任命により「テニュアを得たので、もう仕事をしない」（Kimball, 1990. p.xl）ということになりかねない。

　大学は、よりわかりやすい報酬や褒賞の基準を設けることによって、教授の職歴の仕組みづくりや支援をすることに、無関心にすぎる。教授専用の給与体系を非公式に有する大学は多くあるが、このことはほとんど公にされておらず、また、職務内容記述書にも記されていないのである。

2）p.107（第6章）も参照。

3．生産性だけでなく、創造性や独創性についても評価する

　教授一人ひとりは、大学経費における知的資源として最も高額な存在であろう。したがって、彼らから多くの見返りを期待するのはやむを得ない。現在の大学は、教授の評価において収入創出能力と研究成果の影響力を中心にすえる傾向がある。後者の測定では、学者の生産性を主に扱っており、その多くは、引用された論文数や、論文の被引用回数で測られる影響度を用いる。加えて、現在では、知識移転または知識交換の活動における影響の大きさも、注目されるようになってきている。

　このような教授の評価方法は、発表論文数という狭い意味での生産性を高めるかもしれないが、創造性や独創性はほとんど促進しない。被引用回数で表される影響度が高いことを学者自身が示さねばならないとすれば、集団を離れて新しい方向に挑戦することよりも、人気の高い専門細分野で数の安定性を確保することを奨励されているのと同じである。こうして学者は、同じような対象について研究や著述を実施し、きわめて限定的な狭い範囲の学術誌で発表しようとする。最も評価の高い学術誌が、必ずしも最も国際的であるとは限らない。大学はいまや、教授が研究すべきことを（研究テーマを通じて）実質的に決定しているだけでなく、その成果の発表の場すらも、インパクトファクターの高いごく少数の学術誌に限定させていることは第4章に述べたとおりである。そのため、個人で学識の［発揮される］方向を定める余地はほとんどない。

　このような評価がなされるために、教授は革新的でリスクの高い仕事を追求することを思いとどまってしまう。それどころか、研究の方向性について知的な価値を検討する以前に、研究プロジェクトに集められそうな助成金の額や、そのプロジェクトが大学または政府の研究助成機関が掲げる研究テーマに沿ったものかどうかについて、検討せざるを得なくなる。筆者のインタビューに回答した教授の何人かはこのことを認識していた。

　「私が思うに、『リスク』と『実験』という本来の面を備えた学習の場が、

大学にはもっと多くあるべきだ。」

（英語学　教授）

　大学は、その市場開拓に向けて、学内の研究活動についての首尾一貫した
イメージを展開し提示する必要性を注意深く満たしつつ、創造的な学者精神
を維持促進できるような環境をも構築しなければならない。教授を全学的研
究テーマに関する研究グループに囲いこんでいると、議論を呼ぶような革新
的で新しい思考につながる環境をつくれない。大学の掲げるテーマと関連の
ない研究や、研究のための研究（blue skies research）、そしてバランスをと
るために、テーマに基づいた研究をも、併せて支援する体制を［大学は］検
討するとよいだろう。

4．教授をローカルとしても扱う

　次のような筋書きは、よくある話である。サッカーないしは野球のチーム
が、主要リーグで何年も成功できず、停滞している。あげく、億万長者に買
収されるなり現金が投入される。花形プレイヤーが、高収入の契約とより高
い地位の約束に惹かれて、新たにチームに加入する。ファンは、チームに栄
光がもたらされることを期待し、クラブの新しい夜明けを心待ちにして、興
奮する。しかし、有り金すべてがつぎ込まれても、チームは勝てない。なぜ
か。スター選手はそれほど献身しているように思えない。チームワークがう
まくいっていないように感じられる。ファンは、その選手は高額の報酬契約
にサインしたものの、実は選手生命の黄昏どきにさしかかっているのではな
いかと危惧する。

　この筋書きがプロスポーツの世界だけに限定されたものと考えるのは誤り
だろう。高等教育の世界でも、ありふれた話である。野心あふれる大学が、
評判や研究ランキングでの順位を高めようとして、花形教授を雇い入れるこ
とがある。個人的な研究評価に基づいて雇われた者は、必ずしもその大学に
献身したり、大学内で他者を育てたりはしない。花形教授がつくりだす盛り
上がりによって他者が前向きな影響を受けるだろうと単純に想定していると、

目標を達成するために必要なことを見逃してしまう。多くの大学に潜在能力のある中堅の学者がいるが、メンターによる支援がなければ、彼らがいきなり大型の研究助成金を勝ち取ったり、優れた論文を発表したりすることはまずない。また、第8章に述べたとおり、後ろ盾となる教授がもつ重要なネットワークへのアクセス手段も、彼らはもっていない。

　大学が犯した基本的な間違いの一つは、このようなメンターによる指導や、その他の市民性ある学者（Macfarlane, 2006）と呼ばれる形態を明確にしないまま、花形教授を任命したことである。花形教授は、本質的に、コスモポリタン（Merton, 1947）である。つまり、彼らのアイデンティティの根幹は、所属大学の外の、彼らの学問分野や国際的な研究グループ、そして学会にある（Gouldner, 1957）。彼ら著名人は、所属大学の枠のない、このような文脈でこそ、大きな影響力を及ぼすのである（Dowd and Kaplan, 2005）。それがゆえに、彼らは花形なのである。しかし、大学やその教員は、花形教授を含むすべての教授が、コスモポリタンであることに加えてローカル（Merton, 1947）または境界内の学者（boundaried academics）（Dowd and Kaplan, 2005）としても活動しなければ、貧乏くじを引いたように感じるかもしれない。これらの人々は、研究や出版といった専門的役割にはそれほど傾注しないが、組織にはきわめて忠実であり、組織の運営方法にも詳しい（Gouldner, 1957）。

　実際には、ローカルであるということは、組織の業務に携わり、しかるべき委員会のメンバーとなり、組織内にアイディアを提供し、第8章に述べた大使としての教授として大学の利益を推進し、そして、大学執行部に助言することである。同様に、教授に期待することとしては、経験の少ない教員にメンターとして働きかけること、共著などを通じてほかの学者のキャリアを発展させるスキル、同僚が助成金申請や論文発表をする際にこれを批評する友人としてのスキルを培うことなどが、重要である。これらの仕事の多くはけっして目立つものではないが、しかしきわめて重要なことである。理想的には、教授は、所属大学内にも、外部の専門的および学問分野に基づくコミュニティにも尽くすような「コスモ・ローカル（cosmo-local）」（Goldberg, 1976）であることが望ましい。筆者の調査では、ほとんどの教授がローカルを自認していた一方で、大学は自分たちをローカルとして十分に活用していない、または、ローカルとしての自分たちの貢献に大学があまり価値を置いていな

いと感じていた（Macfarlane, 2011a）。

　教授で「ある」ためには、サービスに従事すること、または市民性ある学者であることが重要な意味をもつ（第8章で取り上げた学者の責務である）。しかしこれらは、［教授］人事においては、ほとんどの場合、重要な役割を果たしていない。とくに英国ではその傾向が強い。市民性ある学者の相対的重要度を向上させる比較的容易で実際的な方法は、そういった貢献を学内サービスと学外サービスに分けることである。「学内サービス（internal service)」とは、学科の同僚に対するメンタリング、大学の委員会やプロジェクトチームへの参加、大学内のリーダー的役割［の遂行］、および教育プログラムの管理経営である3)。「学外サービス（external service)」には、学会や専門職団体への貢献、政府、企業、および慈善団体に対するさまざまな活動、招待講演、研究助成機関や学術誌における外部審査委員や査読業務などが挙げられる。この分割により、教授任命基準は、研究、教育、サービスの三カテゴリーから、研究、教育、学内サービス、学外サービスの四カテゴリーに変わり、［役割の］バランスを取り戻せる。また、優れたローカルであると「同時に」優れたコスモポリタンでもあるような教授の重要性も、明確に認識される。

　もし、教授にローカルとしてもコスモポリタンとしても仕事をしてほしいという期待があるのなら、それを職務内容記述書のなかに明確に提示すべきである。もし、教授にローカルとしての活動をまったく期待していないとすると、その教授の学内の人間関係に悪影響を及ぼすかもしれず、ほかの教員の間に恨みや敵意を引き起こす可能性があり、「航空マイル収集教授」などという手厳しい意見が出されるかもしれない。したがって、［教授の］ローカルおよびコスモポリタンとしての役割を確実に均衡させることは、さまざまな期待を調整し、新しい教授を大学に適応させるために、重要なことである。

3）ここでの「学内サービス」は、日本において「管理運営」に分類されるものに相当するものもあるが、同僚へのメンタリングなどを含む点や、「雑用」のような位置づけではなく奉仕精神・コミュニティへの参画を基本とする点において異なっている。

5．名誉教授を有効活用する

　多くの先進国で、国民の高齢化が進んでいる。医学の進歩と高い生活水準のおかげで、平均寿命は延び続けている。学者の高齢化も進んでおり（Coates *et al.*, 2010）、高等教育の世界的拡大に伴って、多くの国では、退職を迎える学者の後任となる、十分に訓練された若い有能な学者が不足している。しかし、なぜ、60歳や65歳になった教授は退職しなければならないのだろうか。多くの者が自ら選択して、そのようにする。彼らはその年齢までに学究生活を存分に送っており、残りの人生はそれ以外のことをして過ごしたいと思っている。

　しかし、教育と研究を続けたいと願う者も多くいる。学者であることは単なる仕事ではなく、生涯を捧げる職業でもある。しかも、定年とは、アカデミックな職業の勤務年数についてのまったく根拠のない制約であり、その意味を失いつつある。平均寿命が延びるにつれ、人が学術活動に有効に携わることのできる期間も長くなりつつある。現代社会で大きな影響力をもつ一部の教授は、名誉教授の肩書きをもつ。たとえば、フェミニストとして大きな影響力をもつジャーメイン・グリアは、ウォーリック大学の英文学と比較研究の名誉教授であるし、進化生物学者のリチャード・ドーキンスは、創造論[4]の批判によって高い評価を得ている。また、ノーム・チョムスキーは、マサチューセッツ工科大学の言語学の名誉教授である。

　名誉教授が将来、どのように大学の仕事に本格的に関与できるかについて、より入念かつ創造的に考えるべき理由は二つある。一つは、差別禁止法において年齢による差別禁止がより真剣に取り上げられ始めたことである。英国では、最近、この法律が変更され、定年制が廃止された。北米では、1990年代初めから、教授の正式な定年は存在しない（Thody, 2011）。名誉職の役割について再考する二つめの理由は、有能な学者の不足と、長い経験をもつ年配の大学教員が継続的貢献を果たしうることである。世界的に高等教育は拡

4）p.116（第7章）を参照。

大しているが、それに伴って有能な学者が増えているわけではない。つまり、どのように名誉教授の知識とスキルを有効活用するかについて、秩序立てて考えるきわめて実際的な理由が存在するのである。

　名誉教授が関与できるように、より系統的な取り組みを提供することには、また別の重要性がある。職位の低い学者が確実に昇進し続けることができ、退職したがらない年配の教授によって「阻まれない」ようにすることの重要性である。学問分野によっては、教授の椅子が不足しており、若い学者の昇進の機会が制限されている。そのような分野では、もし教授が退職したがらないと、学者の新陳代謝とリーダーシップを発揮する過程に悪影響が及ぶかもしれない。ここで、いわゆる段階的退職（staged retirement）を、名誉教授という最終の職に結びつけることができる。なぜなら、段階的退職というものがなければ、年配の教授は、学者としてのアイデンティティ、および、地位がもたらす経済的報酬のために、通常の定年の年齢をはるかに過ぎても、自分の地位に居座りたくなるだろうからである。

　とくに米国では、多くの大学が名誉教授カレッジ（emeritus college）を設立している。これは、退職した大学教員に教育活動への貢献を続けられる機会を提供するための、大学の内部組織である。アリゾナ州立大学のウェブサイトに説明されているように、この大学の名誉教授カレッジは、大学教員の地位を引退してもなお自分の専門分野からは引退していない生産的な科学者、学識者、芸術家が、大学教育と有意義に関与し続ける手段として存在している（Arizona State University）。世界の諸地域の大学にとって、この名誉教授カレッジのモデルから何が学べるかを検討することは有意義であろう。

6．教授が知のリーダーになることに期待を寄せる

　教授になるための評価基準は十分に確立されている。論文、研究助成金、学術上の国際的影響力、専門家としての認知度や名声指標、そして、教育能力や学内サービスも含まれるだろう。しかし、このような基準は、学者が教授になって以降にどのようで「あるべきか」については、明らかにしていない。ここで、知のリーダーシップの四つの形態、すなわち第9章において提

示した、知識生産者、市民性ある学者、知の越境者、および、公共の知識人
の定義が指針として役立つ。教授には、自らの関心と経歴に応じて、これら
の形態の二つ以上を担うことができるだろう。

　教授と経営者を分けることは愚かな戦略である。それは、組織において権
力をもつ者と知的権威をもつ者とを引き裂く。研究型教授、教育型教授など
と名づけることで教授の役割を分解していくと、さらに空洞化を進め、互い
の疎外感を増すことになる。大学のリーダー［すなわち経営者］としてもっ
とも優れるのは学者であるという証拠がある（Goodall, 2009）。

　　　「一般的に、教授をきわめて有効に活用している大学では、教授が大学
　　　の主要な管理経営組織を統治しており、すべてのレベルにおいてその仕
　　　組みを完全に行き渡らせている。なぜなら、それが真に文化を維持する
　　　方法だからである。……誰でも、まさにトップから、各レベルに至るま
　　　で、共感を抱くに違いないと思う。」

（経済学　教授）

　もし、大学で任命された教授を知のリーダーとしてみなさないのであれば、
そもそもなぜ彼らを教授に任命したのかという疑問が生じる。その疑問に対
する答えの一つは、大学が、自ら任命した者からの見返りをほとんど期待し
ていないことである。前述したように、教授任命は、大学に活力を与え、社
会を改善するという役割のためというよりも、知識生産者という限定的な役
割のためになされがちである。

第11章の結び

　以上をふまえた筆者の提言は、価値の高い資源である教授は、その役割が
より明確に示されるべきであること、新たに任命された者には、その新しい
任に対して何らかの有効な能力開発がなされてしかるべきだということであ
る。こうすれば、期待がより明確になり、大学は、教授をコスモポリタンと
してだけではなくローカルとしても扱うようになって、教授がもつ専門知識

と深く関係し、その専門知識の価値から利益を得られる。また、教授に対して、知のリーダーとして成長し続けるよう奨励することも重要である。将来のキャリア展開を思考する際に、新しい知識を生産したり、その市場価値を利用したりする活動と同様に、公共の知識人や知の越境者であることも考慮させるのである。教授の社会的役割と経済的価値は、均衡を保たなければならない。教授は、各世代の学者を育てるための模範となる重要な人物である。知のリーダーとしての教授の役割についての思索を深めることは、すべての人の利益になるのである。

参考文献

AAUP（American Association of University Professors）. (1915). *Declaration of Principles on Academic Freedom and Academic Tenure*, http://www.aaup.org/AAUP/pubsres/policydocs/contents/1915.htm（accessed 14 November 2010）.

——(2009). *On Conditions of Employment at Overseas Campuses*, http://www.aaup.org/aaup./comm/rep/a/overseas.htm（accessed 14 January 2011）.

——(2011a). *Average Salaries of Full Professors, by Discipline, as a Percentage of the Average Salary of Full Professors of English Language and Literature, 1980–81 to 2009–10*, http://www.aaup.org/AAUP/comm/rep/Z/ecstatreport10-11/TOC.htm（accessed 3 June 2011）.

——(2011b). *Distribution of Faculty by Rank, Gender, Category, and Affiliation, 2010–2011*, http://www.aaup.org/AAUP/comm/rep/Z/ecstatreport10-11/TOC.htm（accessed 3 June 2011）.

Academics for Academic Freedom. (2011). Homepage, http://afaf.web.officelive.com/default.aspx（accessed 14 January 2011）.

Altbach, P. (2006). Cosmopolitanism run amok : work and rewards in Asia's universities. In P. Altbach (Ed.), *International Higher Education : Reflections on Policy and Practice* (pp. 151–154). Boston, MA : Center for International Higher Education, Boston College.

Arizona State University. *Emeritus College Homepage*, http://emedituscollege.asu.edu/（accessed 5 July 2011）.

Arnold, M. (1869). *Culture and Anarchy : An Essay in Political and Critisism*. London: Smith, Elder & Co.

Arnoldi, J. (2007). Universities and the public recognition of expertise, *Minerva*, 45, 49–61.

Barnes, D. E. and Bero, L. A. (1998). Why review articles on the health effects of passive smoking reach different conclusions, *Journal of the American Medical Association*, 279, 19, 1566–1570.

Barnett, R. (1990). *The Idea of a University*. Maidenhead : Society for Research into Higher Education and Open University Press.

——(2003). *Beyond All Reason : Living with Ideology in the University*. Buckingham : Society for Research into Higher Education and the Open University Press.

——(2005). Academics as intellectuals. In D. Cummings (Ed.), *The Changing Role of the Public Intellectual* (pp. 108–122). London : Routledge.

Bassnett, S. (2004). *The Changing Role of the Professor*. National Conference of University Professors, http://www.rdg.ac.uk/ncup/Susan%20Bassnett.htm.（accessed 12 May 2009）.

Bauchspies, W. K., Croissant, J. and Resturo, S. (2006). *Science, Technology and Society*. Oxford : Blackwell.

Bauman, Z. (1987). *Legislators and Interpreters : On Modernity, Post-Modernity and Intellectuals.* Cambridge : Polity Press.

Bayer, A. E. and Dutton, J. E. (1977). Career age and research-professional activities of academic scientists : tests of alternative non-linear models for higher education faculty policies, *The Journal of Higher Education,* 48, 3, 259–282.

Becher, T. (1982). *Managing Basic Units.* Report from the Institutional Management in Higher Education Programme Special Topic Workshop held in Paris between 23 November and 1 December 1982, Paris : OECD.

——— (1989). *Academic Tribes and Territories : Intellectual Enquiry and the Cultures of Disciplines.* Buckingham : Society for Research into Higher Education and the Open University Press.

Becher, T. and Kogan, M. (1992). *Process and Structure in Higher Education.* London : Routledge.

Blackmore, P. and Castley, A. (2006). *Developing Capacity in the University.* http : //www.lfhe.ac.uk/networks/theme/executivebriefing.pdf (accessed 20 August 2010).

Bloom, A. (1987). *The Closing of the American Mind : How Higher Education Has Failed Democracy and Improverished the Souls of Today's Students.* New York : Simon & Schuster.

Bolden, R, Petrov, G. and Gosling, J. (2008). *Developing Collective Leadership in Higher Education : Final Report.* London : Leadership Foundation for Higher Education.

——— (2009) Distributed leadership in higher education : rhetoric and reality, *Educational Management Administration and Leadership,* 37, 2, 257–277.

Boshier, P. (2002). Farm-gate intellectuals, excellence and the university problem in Aotearoa/ New Zealand, *Studies in Continuing Education,* 24, 1, 5–24.

Bourdieu, P. (1986). The forms of capital. In J. Richardson (Ed.) *Handbook of Theory and Research for the Sociology of Education* (pp. 241–258). New York : Greenwood Press.

——— (1989) The corporatism of the universal : the role of intellectuals in the modern world, *Telos,* 81, Fall, 99–110.

——— (1999). *Acts of Resistance : Against the Tyranny of the Market.* New York : New Press.

Boyatzis, R. E. (1982). *The Competent Manager.* New York : John Wiley.

Boyer, E. L. (1990). *Scholarship Reconsidered : Priorities of the Professoriate.* Princeton, NJ : University Press.

Brennan, J. (2011). Higher education and social change : researching the 'end times'. In J. Brennan and T. Shah (Eds.) *Higher Education and Changing Times : Looking Back and Looking Forward* (pp. 6–12). London : Centre for Higher Education Research & Information, The Open University.

Bright, D. F. and Richards, M. P. (2001). *The Academic Deanship : Individual Careers and Institutional Roles.* San Francisco : Jossey-Bass.

Brock, M. G. (1996). The intellectual and the university : an historical perspective, *Reflections on Higher Education,* 8, 66–81.

Brown, A. D. and Starkey, K. (2000). Organizational identity and learning : a psychodynamic approach, *The Academy of Management Review,* 25, 1, 102–120.

Brown, D. and Gold, M. (2007). Academics on non-standard contracts in UK universities : portfolio work, choice and compulsion, *Higher Education Quarterly,* 61, 4, 439–460.

Bryman, A. (2007). Effective leadership in higher education : a literature review, *Studies in Higher Education*, 32, 6, 693–710.

Burgan, M. (2006). *Whatever Happened to the Faculty? Drift and Decision in Higher Education*. Baltimore, MD : The Johns Hopkins University Press.

Burns, J. M. (1978). *Leadership*. New York : Harper & Row.

Cameron, D.(2006). *Speech*. 24 November, http://www.news.bbc.co.uk/1/hi/uk_politics/6179078. htm (accessed 15 October 2010).

Castells, M. (2000). *The Rise of the Network Society*. Oxford : Blackwell.

CIHE (Council for Industry and Higher Education) (2005a). *Ethics and the University*, http : // www.cihe.co.uk/category/knowledge/publications/ (accessed 26 May 2011).

—— (2005b). *Ethics Matters : Managing Ethical Issues in Higher Education*, http : //www. cihe.co.uk/category/knowledge/publications/ (accessed 26 May 2011).

Coaldrake, P. (2000). Rethinking academic and university work, *Higher Education Management*, 12, 2, 7–30.

Coates, H. and Goedegebuure, L. (2010). *The real academic revolution : why we need to reconceptualise Australia's future academic workforce, and eight possible strategies for how to go about this, Research Briefing*. Melbourne : LH Martin Institute.

Coates, H., Dobson, I. R., Goedegebuure, L. and Meek, L. (2010). Across the great divide : what do Australian academics think of university leadership? Advice from the CAP Survey. *Journal of Higher Education Policy and Management*, 32, 4, 379–387.

Cohen, S. (1972). *Folk Devils and Moral Panics : The Creation of the Mods and Rockers*. Oxford : Basil Blackwell.

Coleman, J. S. (1977). The academic freedom and responsibilities of foreign scholars in African universities, *ISSUE : A Journal of Opinion*, 7, 2, 14–32.

Conroy, J. P. (2000). *Intellectual Leadership in Education*. Dordrecht : Kluwer.

Cousin, G. (2011). Rethinking the concept of 'Western', *Higher Education Research and Development*, 30, 5, 585–594.

CRAC (Careers Research and Advisory Centre Limited) (2011) *The Researcher Development Framework*. Cambridge : CRAC.

Cummings, D. (1998). The service university in comparative perspective, *Higher Education*, 35, 1–8.

—— (2005). Introduction : ideas, intellectuals and the public. In D. Cummings (Ed.) *The Changing Role of the Public Intellectual* (pp. 1–7). London : Routledge.

Currie, J., Petersen, C. J. and Mok, K. H. (2006) *Academic Freedom in Hong Kong*. Oxford : Lexington Books.

CVCP (Committee of Vice Chancellors and Principals) (1985). *Report of a Steering Committee for Efficiency Studies in Universities (The Jarratt Report)*. London : CVCP.

Dawkins, R. (1976). *The Selfish Gene*. Oxford : Oxford University Press.

—— (2006). *The God Delusion*. New York : Bantam Press.

Deem, R. and Brehony, K. J. (2005). Management as ideology : the case of 'New Managerialism' in higher education, *Oxford Review of Education*, 31, 2, 217–235.

DHSS (Department of Health and Social Security) (1980). *Inequalities in Health : Report of a Research Working Group*. 'The Black Report'. London : DHSS.

Donaldson, T. (1989). *The Ethics of International Business*. Oxford : Oxford University Press.

Dopson, S. and McNay, I. (1996). Organizational culture. In D. Warner and D. Palfreyman (Eds.), *Higher Education Management* (pp. 16–32). Buckingham : Society for Research into Higher Education and Open University Press.

Dowd, K. O. and Kaplan, D. M. (2005). The career life of academics : boundaried or boundaryless?, *Human Relations*, 58, 6, 699–721.

Drake, D. (2005). *French Intellectuals and Politics from the Dreyfus Affair to the Occupation.* New York : Palgrave Macmillan.

Eagleton, T. (2006). Lunging, flailing, mispunching : review of The God Delusion by Richard Dawkins, *London Review of Books*, 28, 20, 32–34.

Ecclestone, K. and Hayes, D. (2009). Changing the subject : the educational implications of emotional well-being, *Oxford Review of Education*, 35, 3, 371–389.

Edgerton D. (2009). The Haldane principle and other invented traditions in science policy, *History and Policy*, 88, http : //www.historyandpolicy.org/papers/policy-paper-88.html (accessed 26 June 2011).

Etzkowitz, H. and Leydesdorff, L. (2000). The dynamics of innovation : from national systems and 'Mode 2' to a triple helix of university-industry-government relations, *Research Policy*, 29, 2, 109–123.

Feldman, K. A. and Paulsen, M. B. (1999). Faculty motivation : the role of a supportive teaching culture, *New Directions in Teaching and Learning*, 78, 71–78.

Finkelstein, M. J. and Schuster, J. H. (2001). Assessing the silent revolution : how changing demographics are reshaping the academic profession, *American Association of Higher Education Bulletin*, 54, 2, 3–7.

Fox, K. (2004). *Watching the English : The Hidden Rules of English Behaviour.* London : Hodder & Stoughton.

Friedman, M. (1970). The social responsibility of business is to increase its profits, *New York Times Magazine*, 13 September.

Fuller, S. (2005). *The Intellectual.* London : Icon Books.

Furedi, F. (2004). *Where Have All The Intellectuals Gone? Confronting 21st Century Philistinism.* London : Continuum.

Froggatt, P. (1992). Obituary : Eric Ashby, *The Independent*, 28 October, http : //www.independent.co.uk/news/people/obituary-lord-ashby-1559996.html (accessed 2 February 2011).

Gibbons, M., Limoges, C., Nowotny, H., Schwartzman, S., Scott, P. and Trow, M. (1994). *The New Production of Knowledge : The Dynamics of Science and Research in Contemporary Societies*, London : Sage.

Gibbs, P. and Murphy, P. (2009). Implementation of ethical higher education marketing, *Tertiary Education and Management*, 15, 4, 341–354.

Goldberg, A. I. (1976). The relevance of cosmopolitan/local orientations to professional values and behavior, *Sociology of Work and Occupations*, 3, 331–356.

Goodall, A. (2009). *Socrates in the Boardroom : Why Research Universities Should Be Led by Top Scholars.* Princeton, NJ : Princeton University Press.

Gordon, G. (2005). The human dimensions of the research agenda, *Higher Education Quarterly*, 59, 1, 40–55.

Gordon, L. P. (2010). The market colonization of intellectuals, *Truthout*, 6 April, http : //www.

truth-out.org/the-maket-colonization-intellectuals58310（accessed 6 February 2011）.

Gordon, P. E. (2009). *What is Intellectual History? A Frankly Partisan Introduction to a Frequently Misunderstood Field*, http : //history.fas.harvard.edu/people/faculty/documents/pgordon-whatisintellhist.pdf（accessed 6 December 2010）.

Gossop, M. and Hall, W. (2009). Clashes between government and its expert advisers, *British Medical Journal*, 339, (7730) 1095–1096.

Gouldner, A. W. (1957). Cosmopolitans and locals : toward an analysis of latent social roles— I, *Administrative Science Quarterly*, 2, 3, 281–306.

Grant, K. R. and Drakich, J. (2010). The Canada Research Chairs Program : the good, the bad, and the ugly, *Higher Education*, 59, 1, 21–42.

Greer, G. (1970). *The Female Eunuch*. London : Verso.

Gumport, P. J. (2002). *Academic Pathfinders : Knowledge Creation and Feminist Scholarship*. Westport, CT : Greenwood Press.

Haldane, R. B. H. (1918). *Report of the Machinery of Government Committee under the Chairmanship of Viscount Haldane of Cloan*. London : HMSO.

Halsey, A. H. (1992). An international comparison of access to higher education. In D. Phillips (Ed.) *Lessons from Cross-National Comparison of Education*, Wallingford : Triangle Books.

Halsey, A. H. and Trow, M. (1971). *The British Academics*. London : Faber & Faber.

Harloe, M. and Perry, B. (2005). Rethinking or hollowing out the university? External engagement and internal transformation in the knowledge economy, *Higher Education Management and Policy*, 17, 2, 29–41.

Harman, G. (2002). Academic leaders or corporate managers : Deans and Heads of Australian higher education, 1977 to 1997, *Higher Education Management and Policy*, 14, 2, 53–70.

Hashim, M. A. and Mahpuz, M. (2011). Tackling multiculturalism via human communication : a public relations campaign of Malaysia, *International Journal of Business and Social Science*, 2, 4, 114–127.

Henkel, M. (2000). *Academic Identities and Policy Change in Higher Education*. London : Jessica Kingsley.

HESA (Higher Education Statistics Agency) (2008). *Summary of Academic Staff in all UK institutions 2006/07*, http : //www.hesa.ac.uk（accessed 8 November 2008）.

—— (2009). HESA data shows increase in proportion of female professors. *Press Release, 30 March 2009*, http : //www.hesa.ac.uk/index.php/content/view/1397/161/（accessed 9 April 2011）.

—— (2011). Staff Data Tables : All Academic Staff, http : //www.hesa.ac.uk/index.php?option =com_context&text=view&id=18988Itemid=239（accessed 28 February 2011）

Hickson, K. (2009). Conservatism and the poor : Conservative party attitudes to poverty and inequality since the 1970s, *British Politics*, 4, 341–362.

Hogg, P. (2007). On becoming and being a professor, *Synergy : Imaging and Therapy Practice*, June, 3–5.

Hornblow, D. (2007). The missing universities : absent critics and consciences of society. *In 37th Conference of the Philosophy of Education Society of Australasia Inc.*, Wellington : New Zealand.

Horowitz, I. L. (Ed.) (1963). *Power, Politics and People : The Collected Essays of C. Wright Mills.* New York : Oxford University Press.

Jacoby, R. (1987). *The Last Intellectuals : American Culture in the Age of Academe,* New York : Basic Books.

Johnson, P. (1988). *Intellectuals. London :* Phoenix Press.

Jump, P. (2011). Delete 'Big Society' : email protest presses AHRC to drop Tory mantra, *The Times Higher Education,* 7 April.

Karran, T. (2007). Academic freedom in Europe : a preliminary comparative analysis, *Higher Education Policy,* 20, 3, 289-313

—— (2009). Academic freedom : in justification of a universal ideal, *Studies in Higher Education,* 34, 3, 263-283.

Kavanagh, D. (2000). Introduction. In I. Dale (Ed.) *Labour Party General Election Manifestos, 1900-1997* (pp. 1-8). London : Routledge.

Kennedy, B. D. (1997). *Academic Duty.* Cambridge, MA : Harvard University Press.

Kerr, C. (2001). *The Uses of the University. 5th Edition,* Cambridge, MA : Harvard University Press.

—— (2008). The uses of the university, 1964. In W. Smith and T. Bender (Eds.) *American Higher Education Transformed 1940-2005: Documenting the National Discourse* (pp. 49-51). Baltimore, MD : The Johns Hopkins University Press.

Kim, T. (2010). Transnational academic mobility, knowledge and identity capital, *Discourse : Studies in the Cultural Politics of Education,* 31, 5, 577-591.

Kimball, R. (1990). *Tenured Radicals : How Politics Has Corrupted Our Higher Education.* Chicago : Ivan R. Dee.

King's College London (2011) *Profile 2011.* London : King's College.

Kirkland, J. (2008). University research management : an emerging profession in the developing world, *Technology Analysis and Strategic Management,* 20, 6, 717-726.

Klein, N. (2000). *No Logo.* London : Flamingo.

Klosaker, A. (2008) Academic professionalism in the managerialist era : a study of English universities, *Studies in Higher Education,* 33, 5, 513-525.

Knight, P. T. and Trowler, P. R. (2001). *Departmental Leadership in Higher Education.* Buckingham : Society for Research into Higher Education and the Open University Press.

Kogan, M., Moses, I. and El-Khawas, E. H. (1994). *Staffing in Higher Education : Meeting New Challenges.* London : Jessica Kingsley.

Kolsaker, A. (2008). Academic professionalism in the managerialist era : a study of English universities, *Studies in Higher Education,* 33, 5, 513-525.

Kouzes, J. M. and Posner, B. Z. (1993). *Credibility : How Leaders Gain and Lose It, Why People Demand It. San* Francisco : Jossey-Bass.

Kuhn, T. S. (1962). *The Structure of Scientific Revolutions.* Chicago : University of Chicago Press.

Kwa, B. T. (1993). Righteous rights, *Far East Economic Review,* 17 June.

Lea, J. (2009). *Political Correctness and Higher Education : British and American Perspectives.* New York : Routledge.

Locke, W. (2007). *The Changing Academic Profession in the UK : Setting the Scene.* London : Universities UK.

Macfarlane, B. (2006). *The Academic Citizen : The Virtue of Service in University Life*. New York : Routledge.

—— (2009). *Researching with Integrity : The Ethics of Academic Enquiry*. London : Routledge.

——(2011a). Professors as intellectual leaders : formation, identity and role, *Studies in Higher Education*, 36, 1, 57–73.

—— (2011b). The morphing of academic practice : unbundling and the rise of the para-academic, *Higher Education Quarterly*, 65, 1, 59–73.

—— (2011c). Teaching, integrity and the development of professional responsibility : why we need pedagogical phronesis. In C. Sugrue and T. D. Solbrekke (Eds.) *Professional Responsibility : New Horizons of Praxis ?* (pp. 72–86). Oxford University Press, Oxford.

Malcolm, W. and Tarling, N. (2007). *Crisis of Identity? The Mission and Management of Universities in New Zealand*. Wellington : Dunmore.

Martinson, B. C., Anderson, M. S. and De Vries, R. G. (2005). Scientists behaving badly, *Nature*, 435, 737–738.

Marturano, A. and Gosling, J. (2007). *Leadership : The Key Concepts*. London : Routledge.

Marquand, D. (2004). *Decline of the Public : The Hollowing-Out of Citizenship*. Cambridge : Polity Press.

Mathias, H. (1991). The role of the university Head of Department, *Journal of Further and Higher Education*, 15, 3, 65–75.

Maxwell, N. (2009). From knowledge to wisdom : the need for an academic revolution. In R. Barnett and N. Maxwell (Eds.) *Wisdom in the University* (pp. 1–19). London : Routledge.

McGee Banks, C. A. (1995). Intellectual leadership and the influence of early African American scholars on multicultural education, *Educational Policy*, 9, 3, 260–280.

Mead, R. (2010). Learning by degrees, *The New Yorker*, 7 June, 21–22.

Merton, R. K. (1947). Patterns of influence : local and cosmopolitan influentials. In R. K. Merton (Ed.) *Social Theory and Social Structure* (pp. 387–420). Glencoe, IL : The Free Press.

—— (1948). The self-fulfilling prophesy, *The Antioch Review*, 8, 2, 193–210.

—— (1973). The normative structure of science. In N. Storer (Ed.) *The Sociology of Science : Theoretical and Empirical Investigations* (pp. 267–278). Chicago : The University of Chicago Press.

Metzger, W. P. (1988). Profession and constitution : two definitions of academic freedom in America, *Texas Law Review*, 1265–1322.

Middlehurst, R. (2008). Not enough science or not enough learning? Exploring the gaps between leadership theory and practice, *Higher Education Quarterly*, 62, 4, 322–339.

Mikes, G. (1946). *How to Be an Alien*. Harmondsworth : Penguin.

Mills, C. W. (1959). *The Sociological Imagination*. Oxford : Oxford University Press.

—— (1963). The social role of the intellectual. In I.L. Horowitz (Ed.) *Power, Politics and People : The Collected Essays of C. Wright Mills* (pp. 292–304). New York : Oxford University Press.

Moodie, G. (1986). The disintegrating chair : professors in Britain today, *European Journal of Education*, 21, 1, 43–56.

NCUP (National Conference of University Professors) (1991). *The Role of the Professoriate*, http://www.reading.ac.uk/ncup/poldocs/doc2.htm (accessed 13 March 2011).

Nelson, C. (2010). *No University is an Island : Saving Academic Freedom.* New York : New York University Press.

Nixon, J. (2010a). *Higher Education and the Public Good : Imagining the University.* London : Continuum.

—— (2010b). Towards an ethics of academic practice : recognition, hospitality, and 'rooted cosmopolitanism'. *Hope Forum for Professional Ethics Lecture Series,* http : //www.hope. ac.uk/education-news/hfpe-lecture.html (accessed 2 June 2011).

Nolan, M. P. (1995). *Standards in Public Life : First Report on Standards in Public Life.* London : HMSO.

Osinbajo, Y. and Ajayi, O. (1994) Human rights and economic development in developing countries, *The International Lawyer,* 28, 3, 727–742.

Parker, J. (2008). Comparing research and teaching in university promotion criteria, *Higher Education Quarterly,* 62, 3, 237–251.

Piercy, N. F. (1999). A Polemic : In search of excellence among business school professors : cowboys, chameleons, question-marks and quislings, *European Journal of Marketing,* 33, 7/ 8, 698–706.

Prospect (2005). Global public intellectuals poll, *Prospect Magazine,* November, 116.

—— (2008). The 2008 top 100 intellectuals poll, June, *Prospect Magazine,* xxx.

Poole, G. S. (2010) *The Japanese Professor : An Ethnography of a University Faculty.* Sense Publishers, Rotterdam.

Rayner, S., Fuller, M., McEwen, L. and Roberts, H. (2010). Managing leadership in the UK university : a case for researching the missing professoriate?, *Studies in Higher Education,* 35, 6, 617–631.

Reisz, M. (2008). Caroline Thomas, 1959–2008, *Times Higher Education,* 6 November, 23.

—— (2009a). Michael Majerus, 1954–2009, *Times Higher Education,* 26 February, 21.

—— (2009b). Ken Green, 1946–2009, *Times Higher Education,* 12 March, 27.

—— (2009c). John Golby, 1935–2009, *Times Higher Education,* 19 March, 27.

—— (2009d). Roy Anthony Becher, 1930–2009, *Times Higher Education,* 2 April, 27.

—— (2009e). Sir Neil MacCormick, 1941–2009, *Times Higher Education,* 7 May, 23.

—— (2009f). Tyrrell Burgess, 1931–2009, *Times Higher Education,* 14 May, 23.

—— (2009g). Olivia Harris, 1948–2009, *Times Higher Education,* 21 May, 23.

—— (2009h). Sir Clive Granger, 1934–2009, *Times Higher Education,* 18 June, 23.

—— (2009i). Peter Townsend, 1928–2009, *Times Higher Education,* June 25, 23.

—— (2009j). Sheila Rodwell, 1947–2009, *Times Higher Education,* 13 August, 23.

—— (2009k). Chris Lamb, 1950–2009, *Times Higher Education,* 17 September, 23.

—— (2009l). Ellie Scrivens, 1954–2008, *Times Higher Education,* 27 November, 23.

—— (2010a). Sir James Black, 1924–2010, *Times Higher Education,* 22 April, 23.

—— (2010b). Fred Halliday, 1946–2010, *Times Higher Education,* 6 May, 21.

Rhode, D. L. (2001). The professional responsibilities of professors, *Journal of Legal Education,* 51, 2, 158–166.

Roberts, P. (2007). Intellectuals, tertiary education and questions of difference, *Educational Philosophy and Theory,* 39, 5, 480–493.

Rooney, D. and McKenna, B. (2009). Knowledge, wisdom and intellectual leadership : a question of the future and knowledge-based sustainability, *International Journal of Learning and Intellectual Capital*, 6, 1/2, 52–70.

Ross, A. (2011). Rights, freedom and offshore academics, *University World News*, 1 May, http://www.universityworldnews.com/article.php?story=20110429165843773 (accessed 2 May 2011).

Russell, C. (1993). *Academic Freedom*. London : Routledge.

Said, E. (1985). *Orientalism*. London : Penguin.

—— (1994). *Representations of the Intellectual*. London : Vintage Books.

Shattock, M. (2003). *Managing Successful Universities*. Buckingham : Society for Research into Higher Education and the Open University Press.

Shils, E. (1997). *The Calling of Education : The Academic Ethic and Other Essays on Higher Education*. Chicago : University of Chicago Press.

Siegelman, S. S. (1991). Assassins and zealots : variations in peer review, *Radiology*, 178, 3, 637–642.

Sikes, P. (2006). Working in a new university : in the shadow of the RAE?, *Studies in Higher Education*, 31, 5, 555–568.

Simon Fraser University (2010). *SFU Strategic Plan 2010–2015*, www.sfu.ca/vpre-search/docs/SRP2010_15.pdf (accessed 15 December 2010).

Slaughter, S. and Leslie, L. L. (1997). *Academic Capitalism : Politics, Policies and the Entrepreneurial University*. Baltimore, MD : The Johns Hopkins University Press.

Slaughter, S. and Rhoades, G. (2004). *Academic Capitalism and the New Economy : Markets, States, and Higher Education*. Baltimore, MD : The Johns Hopkins University Press.

Smith, D. (2008). Academics or executives? Continuity and change in the roles of pro-vice-chancellors, *Higher Education Quarterly*, 62, 4, 340–357.

Sotirakou, T. (2004). Coping with conflict within the entrepreneurial university : threat or challenge for Heads of Department in the UK higher education context, *International Review of Administrative Sciences*, 70, 2, 345–372.

Startup, R. (1976). The role of the Departmental Head, *Studies in Higher Education*, 1, 2, 233–243.

Stogdill, R. M. (1974). *Handbook of Leadership : A Survey of Theory and Research*. New York : Free Press.

Strike, T. (2010). Evolving academic career pathways in England. In G. Gordon and C. Whitchurch (Eds.) *Academic and Professional Identities in Higher Education : The Challenges of a Diversifying Workforce* (pp. 77–97). New York : Routledge.

Taylor, J., Hallström, I., Salanterä, S. and Begley, C. (2009) How to be a professor : what the books don't tell you, *Nurse Education Today*, 29, 7, 691–693.

Thody, A. (2011). Emeritus professors of an English university : how is the wisdom of the aged used?, *Studies in Higher Education*, 36, 6, 637–653.

Thorens, J. (2006). Liberties, freedom and autonomy : a few reflections on academia's estate, *Higher Education Policy*, 19, 87–110.

Tight, M. (2002). What does it mean to be a professor?, *Higher Education Review*, 34, 15–31.

Townsend, P. (1979). *Poverty in the United Kingdom*, Harmondsworth : Penguin.

Travis, J. (2009). Academic charged with insulting the monarchy, *University World News*, 1 February, 61, http://www.universityworldnews.com/article.php?story=20090130101017692 (accessed 3 February 2011).

Trow, M. (2010a). Comparative reflections on leadership in higher education. In M. Burrage (Ed.) *Martin Trow. Twentieth Century Education : Elite to Mass to Universal* (pp. 435–61). Baltimore, MD : The Johns Hopkins University Press.

—— (2010b). Managerialism and the academic profession. In M. Burrage (Ed.) *Martin Trow. Twentieth Century Education : Elite to Mass to Universal* (pp. 271–298). Baltimore, MD : The Johns Hopkins University Press.

—— (2010c). Leadership and organization : the case of biology at Berkeley. In M. Burrage (Ed.) *Martin Trow. Twentieth Century Education : Elite to Mass to Universal* (pp. 397–432). Baltimore, MD : The Johns Hopkins University Press.

University College London (2011). *UCL Grand Challenges*, http : //www.ucl.ac.uk/research/grand-challenges (accessed 25 May 2010).

University of Auckland (2011). *Strategic Research Initiatives*, http : //www.auckland.ac.nz/uoa/home/about/research/strategic-research-initiatives (accessed 8 January 2011).

University of Hong Kong (2011). *Strategic Research Areas and Themes*, http : //www.hku.hk/research/sras/ (accessed 3 January 2011).

University of Stellenbosch (2011). *Research Initiatives*, http : //www0.sun.ac.za/research/en/strategic-research-themes-srts (accessed 14 January 2011).

University of Sussex (2008). *Criteria for the Appointment and Promotion of Academic Faculty*, http : //www.sussex.ac.uk/Units/staffing/personnl/reviews/academic/criteria.doc (accessed 17 July 2009).

Universities UK (2008). *The Changing Academic Profession in the UK and Beyond*, www.universitiesuk. ac. uk/.../The%20Changing%20HE%20Profession.pdf (accessed 5 February 2011).

Van Hooft, S. (2009). Dialogue, virtue and ethics. In J. Strain, R. Barnett and P. Jarvis (Eds.) *Universities, Ethics and Professions* (pp. 81–93). New York : Routledge.

Vogel, M. P. (2009). The professionalism of professors at German Fachhochschulen, *Studies in Higher Education*, 34, 8, 873–888.

Waitere, H. J., Wright, J. K., Tremaine, M., Brown, S. and Pausé, C. J. (2011). Choosing whether to resist or reinforce the new managerialism : the impact of performance-based research funding on academic identity, *Higher Education Research and Development*, 30, 2, 205–217.

Warner, D. and Palfreyman, D. (2000). *Higher Education Management : The Key Elements. 2nd edition*. Buckingham : Society for Research into Higher Education/Open University Press.

Watson, D. (2007). *Managing Civic and Community Engagement*. Maidenhead : McGraw-Hill/Open University Press.

—— (2009). *The Question of Morale : Managing Happiness and Unhappiness in University Life*. Maidenhead : Open University Press.

Wepner, S. B., D'Onofrio, A. and Wilhite, S. C. (2008). The leadership dimensions of education deans, *Journal of Teacher Education*, 59, 2, 153–169.

Whitburn, J., Mealing, M., and Cox, C. (1976). *People in Polytechnics*. Surrey : Society for Research into Higher Education.

Whitchurch, C. (2006). *Professional Managers in UK Higher Education : Preparing for Complex Futures (Interim Report)*. London : LfHE.

Whitchurch, C. and Gordon, G. (2010). Diversifying academic and professional identities in higher education : some management challenges, *Tertiary Education and Management*, 16, 2, 129–144.

Wildavsky, B. (2010). *The Great Brain Race : How Global Universities are Reshaping the World*. Princeton, NJ : Princeton University Press.

Wilson, L. (1942). *The Academic Man*. New York : Oxford University Press.

—— (1979). *American Academics : Then and Now*. New York : Oxford University Press.

Winter, R. (2009). Academic manager or managed academic? Academic identity schisms in higher education, *Journal of Higher Education Policy and Management*, 31, 2, 121–131.

Yuchen, Z. (2007). The Pan Zhichang incident, *Chinese Education and Society*, 40, 6, 20–30.

Yukl, G. A. (2002). *Leadership in Organisations 5th Edition*, Upper Saddle River, NJ : Prentice Hall.

訳者あとがき

　本書は、ブルース・マクファーレン（Bruce Macfarlane）氏による *Intellectual Leadership in Higher Education : Renewing the Role of University Professor*（Routledge, 2012）の全章を訳出したものである。

　大学は近年、さまざまな競争にさらされ、経営管理主義（managerialism）や大学資本主義（academic capitalism）を強めている。そんな時勢だからこそ、大学教授には取り戻すべき役割があるというのが、マクファーレン氏が本書で展開している主張である。そして、その役割は、昔から大切にされてきた価値観によるものでありながら、現代の潮流において回避されてしまいがちなものであり、これを取り戻すには、大学教授と大学組織の双方に取り組むべきことがあると論じている。

　マクファーレン氏も本書に述べているとおり、このような状況は英国に限られず、世界各国に共通する。日本も例外ではない。大学経営強化の御旗の下に、また昨今の時流に押されるように、大学教員個々が担うべき役割から逃げていないだろうか。その結果、これまで積み重ねてきた学問文化を無為に見失ってはいないだろうか。このような問題意識が、私たちが本書の翻訳に取り組んだ契機である。

＊　　　＊　　　＊

　私たち訳者が原著者のブルース・マクファーレン氏に初めて出会ったのは、2008年1月のことだった。訳者二人が当時そろって所属していた名古屋大学高等教育研究センターに、氏が客員教授として三か月間滞在されたのである。一緒にインタビューに回ったり、日本のレジャーを楽しんだりしたことが懐かしく思い出される。

　当時のマクファーレン氏の研究テーマは、研究倫理・研究公正であった。教育の倫理や大学におけるサービスの徳（*virtue*）をテーマに単著を公刊された後のことだったので、尋ねてみたらやはり、学部時代は倫理学を専攻したのだという。そして、2010年に研究の倫理についての単著を刊行して、次のテーマに選んだのが本書のテーマとなった「知のリーダーシップ」だったのである。

　倫理学専攻という背景もあるのだろう、本書に通底するのも、大学教授はいかにあるべきかという思索である。そして大学という組織、もしくは大学執行部の面々には、それを支える基盤となることを求めている。この点は、近年注目されている「責任ある研究・イノベーション（responsible research and innovation：RRI）」という概念にも通じるところが感じられる。

＊　　　＊　　　＊

　本書の訳出にあたっては訳者註や原語をできるだけ本文に織りこみ、巻末には索引を兼ねた対訳表を採用した。現役の大学教授はもちろん、これから大学教授になるであろう人々、大学執行部、大学事務職員や専門職員の人々、さらには、大学行政に携わる人々、産学連携のパートナー先の人々など、多くの関係者にお読みいただきたいと願ってのことである。

　本訳書の出版にあたっては、玉川大学出版部からお二人の編集者が担当してくださった。これまでにも何度かご一緒させていただいた森貴志さんには、今回も企画からお世話になり、途中経過を気にかけ、丁寧に引き継ぎをしていただいた。後任の林志保さんには、それまでの経緯もふまえて、細やかに仕上げていただいた。お二人にお世話いただいて、数年越しの翻訳をようやく上梓するという贅沢をさせていただいたことを、ありがたく思っている。また、いつもながら丁寧な日本語校正をしてくださった小川幸江さん、書式や訳語の揺らぎを的確にご指摘くださった岡田久樹子さんのご尽力によるところも大きかった。両名にも感謝申し上げる次第である。さらに、翻訳のために研究開発の場を提供していただいた、名古屋大学の夏目達也教授、広島大学の小林信一教授にも御礼申し上げたい。

　原著者のマクファーレン氏とは、今に至るまで、研究やプライベートでの

交流が続いている。今回の翻訳にあたっても、細かなニュアンスの確認になんども応じてくれ、完成を心待ちにしてくれた。マクファーレン氏からの心強い支援があっての翻訳作業であったし、氏にとって大学教員職の後輩である私たちとしては、氏の考えるメンターや後ろ盾の役割（第8章参照）の一端を見せてもらっているような経験でもあった。

　本訳書を通じて、日本の読者にすこしでも多く、すこしでも深く、マクファーレン氏の主張をお届けできればと願っている。

2020年9月
訳者を代表して
齋藤　芳子

固有名詞対訳一覧

あ

アーサー・ラブジョイ	Lovejoy, A.	152
アーネスト・ボイヤー	Boyer, E.	77, 86
アウンサンスーチー	Aung San Suu Kyi	18
アナイリン・ベヴァン	Bevan, A.	26
アニータ・ロディック	Roddick, A.	25, 39

アバディーン大学	University of Aberdeen	75
アラブの春	Arab Spring	167
アラン・ジョンソン	Johnson, A.	119
アラン・テイラー	Taylor, A. J. P.	166
アラン・ブライマン	Bryman, A.	134

アラン・ブルーム	Bloom, A.	117, 120, 121
アリゾナ州立大学	Arizona State University	193
アルバート・ハルゼー	Halsey, A. H.	76
アルヴィン・グルドナー	Gouldner, A. W.	102
アルフレド・ドレフュス	Dreyfus, A.	31

アルベルト・アインシュタイン	Einstein, A.	117
アレックス・サモンド	Salmond, A.	160
アンソニー（トニー）・ベッチャー	Becher, A.	164
アンソニー・クロスランド	Crosland, A.	50
イェール大学	Yale Univeristy	173

イマニュエル・カント	Kant, I.	117
インペリアル・カレッジ・ロンドン	Imperial College, London	47
ウィリアム・I・トマス	Thomas, W. I.	147
ヴィルヘルム・ヴント	Wundt, W.	115
ヴィルヘルム・フォン・フンボルト	von Humboldt, W.	38, 113

ウィンストン・チャーチル	Churchill, W.	33
ウォーリック大学	Warwick University, University of Warwick	74, 192
英国芸術・人文リサーチカウンシル	Arts and Humanities Research Council	63
英国高等教育リーダーシップ財団	UK Leadership Foundation for Higher Education	20
英国産業・高等教育カウンシル	Council for Industry and Higher Education	173

英国大学教授会議	National Conference of University Professors（NCUP）	79
英国薬物乱用諮問委員会	UK Advisory Council on the Misuse of Drug	119
英国リサーチカウンシル	(national/UK) research councils	63, 64, 68
エイブラハム・リンカーン	Lincoln, A.	24
エジンバラ大学	University of Edinburgh	75, 160

エセックス大学	Essex University	123
エドワード・サイード	Said, E.	36, 63, 112
エミール・ゾラ	Zola, E.	31
エメリン・パンクハースト	Pankhurst, E.	24
エリー・スクリーブンス	Scrivens, E.	160
エリック・アシュビー	Ashby, E.	47, 48, 51
欧州議会議員	Members of European Parliament（MEPs）	160
オークランド大学	University of Auckland	60
オープンユニバーシティ	Open University	160
オックスフォード大学	University of Oxford	75, 116, 161, 163
オリビア・ハリス	Harris, O.	164

か

カール・マルクス	Marx, K	28, 115
カイロ・アメリカン大学	American University in Cairo	167
学問の自由と学問基準のための評議会	Council for Academic Freedom and Academic Standards	114
学問の自由を目指す学者団	Academics for Academic Freedom	114, 153
「カナダ研究教授」プログラム	Canada Research Chairs（CRC）programme	108
危機に立つ学者ネットワーク	Scholars at Risk	114
貴族院	House of Lords	26
キャリア支援研究センター	Careers and Advisory Research Centre（CRAC）	68
キャロライン・トーマス	Thomas, C.	163
キャロライン・ノートン	Norton, C.	25
教育改革法	Education Reform Act	113, 153
キングス・カレッジ・ロンドン	King's College London	171
キングストン大学	Kingston University	51
クイーンズ大学ベルファスト	Queen's University, Belfast	47
クライヴ・グレンジャー	Granger, C.	158
グラスゴー大学	Glasgow University	75
グラミン銀行	Grameen Bank	25
クリス・ラム	Lamb, C.	160
クリスチャン・ディオール	Christian Dior	171
ケン・グリーン	Green, K	127, 164
ケンブリッジ大学	University of Cambridge	47, 75, 161, 162, 172
ケンブリッジ大学クレアカレッジ	Clare College, Cambridge	47
「公衆の科学理解講座」教授	Professor at Public Understanding of Science	116
高等教育研究ユニット	Higher Education Research Unit	158
国民保健サービス管理保証支援室	National Health Service Controls Assurance Support Unit	160
子どもの貧困アクショングループ	Child Poverty Action Group	123

コナン・ドイル	Doyle, A. C.	94
コンラッド・ラッセル	Russell, C.	113

さ

サード・エディン・イブラヒム	Ibrahim, S. E.	167
サイモン・シャーマ	Schama, S.	161
サイモン・フレイザー大学	Simon Fraser University	60
サウサンプトン大学	Southampton University	164
サセックス大学	Sussex University	79, 164
サルトル（J・P・サルトル）	Sartre, J. -P.	28
シーラ・ロッドウェル	Rodwell, S.	158
ジェームズ・バーンズ	Burns, J. M.	165, 167
ジェームズ・ブラック	Black, J.	158
ジェラルド・カウフマン	Kaufman, G.	26
ジグムント・バウマン	Bauman, Z.	32
詩人シェリー	Shelley, P. B.	28
シドニー大学	University of Sydney	47
ジャーメイン・グリア	Greer, G.	14, 146, 192
ジャイルズ・ジ・ウンパコーン	Ungpakorn, G. J.	167
ジャスティン・トーレンス	Thorens, J.	65
ジャン＝ジャック・ルソー	Rousseau, J. -J.	28
ジャン・ピアジェ	Piaget, J.	115
上海交通大学	Shanghai Jiao Tong	53
ジュリー・テイラー	Taylor, J.	80, 81
障がい者連盟	Disability Alliance	123
ジョージ・W・ブッシュ	Bush, G. W.	27, 30
ジョージ・オーウェル	Orwell, G.	24
ジョージ・バーナード・ショー	Shaw, G. B.	93
ジョージ・マイクス	Mikes, J.	28
ジョージ・メイソン大学	George Mason University	173
ジョナサン・パーカー	Parker, J.	83, 107
ジョン・A・ホブソン	Hobson, J. A.	115
ジョン・M・クッツェー	Coetzee, J. M.	167
ジョン・ゴルビー	Golby, J.	160
ジョン・ニクソン	Nixon, J.	54
ジョン・プラット	Pratt, J.	158
ジョン・メイナード・ケインズ	Keynes, J. M.	115
シンガポール国立大学	National University of Singapore	173
神経倫理学センター	Centre for Neuroethics	163
スーザン・バスネット	Bassnet, S.	94
スコットランド国民党	Scottish National Party（SNP）	160

スターリン政権	Stalin	25
スタンリー・コーエン	Cohen, S.	146
スティーブ・ジョブズ	Jobs, S.	37
ステレンボッシュ大学	University of Stellenbosch	61
スピロ・アグニュー	Agnew, S.	26
セイの法則	Say's Law	115
戦没者追悼記念日	Remembrance Day	26
セントアンドリュース大学	St Andrews University	75

た

大学の効率性研究のための常任委員会	Standing Committee for Efficiency Studies in Universities	45
ダブリン大学	University of Dublin	75
チャールズ・ダーウィン	Darwin, C.	115, 116
チャールズ・ディケンズ	Dickens, C.	24
中国教育省	Chinese Ministry of Education	173
チュラロンコン大学	Chulalongkorn University	167
ティレル・バージェス	Burgess, T.	158
デビッド・キャメロン	Cameron, D.	124
デビッド・スミス	Smith, D.	52
デビッド・ナット	Nutt, D.	119
デビッド・ワトソン	Watson, D.	29, 51, 165
テリー・イーグルトン	Eagleton, T.	116
デレック・ボック	Bok, D.	51
トーマス・クーン	Kuhn, T.	115, 158
トーマス・ジェファーソン	Jefferson, T.	27
トーマス・ドナルドソン	Donaldson, T.	170, 175, 176, 178, 179
トルストイ	Tolstoy, L.	28
ドレフュス事件	Dreyfus Affair	30

な

ナオミ・クライン	Klein, N.	146
ナフィールド財団	Nuffield Foundation	164
ナポレオン	Napoleon	33
ニール・マコーミック	MacCormick, N.	160
ニコラス・マックスウェル	Maxwell, N.	119, 120
ニューマン枢機卿	Newman, J	145
ニューヨーク大学	New York University	173, 175
ネルソン・マンデラ	Mandela, N.	24
ノーベル賞	Nobel Prize(s)	64, 158
ノーマン・メイラー	Mailer, N.	30
ノーム・チョムスキー	Chomsky, N.	14, 192

ノーラン委員会	Nolan Committee	50
ノッティンガム大学	University of Nottingham	172, 173, 177

は

ハートフォードシャー大学	University of Hertfordshire	161
ハーバード大学	Harvard University	51
パトリシア・ガムポート	Gumport, P.	118
パトリック・コンロイ	Conroy, J. P.	15
パトリック・ナットゲンズ	Nuttgens, P.	50, 51
バラク・オバマ	Obama, B.	27, 30
ハワード・デイビーズ	Davies, H.	172
ピーター・スコット	Scott, P.	51
ピーター・タウンゼント	Townsend. P.	123, 124, 146
ピエール・ブルデュー	Bourdieu, P.	14, 29, 140
ビクトリア朝	Victorians	24
ビル・ゲイツ	Gates, B.	37
ファクンド・カブラル	Cabral, F.	25
フィリップ・ソレルス	Sollers, P.	31
フィンセント・ファン・ゴッホ	Van Gogh, V.	145
フェニックス大学	University of Phoenix	171
フォークランド紛争	Falklands War	27
ブミプトラ	Bumiputra	177
ブライアン・クラフ	Clough. B.	32, 33
ブライアン・コックス	Cox, B.	161
ブライトン大学	University of Brighton	51
プライマリケア信託	Primary Care Trusts	160
フランク・フレディ	Furedi, F.	36
ブリストル大学	University of Bristol	47
ブリティッシュ・アメリカン・タバコ	British American Tobacco	172
フレッド・ハリディ	Halliday, F.	136
フレデリック・ガーランド＝ホプキンズ	Gowland-Hopkins, F.	162
米国大学教授協会	American Association of University Professors (AAUP)	75, 113, 114, 152, 174
ヘルズ・エンジェルス	Hell's Angels	146
ヘルスケア基準室	Health Care Standards Unit	160
ベルナール＝アンリ・レヴィ	Lévy, B. -H.	31
ベルリン大学	University of Berlin	113
ヘンリー・ルイス（スキップ）・ゲイツ	Gates, H. L.	166
ヘンリック・イプセン	Ibsen, H.	28
ポール・ジョンソン	Johnson, P.	28, 30, 165
保守党	Conservative Party	26, 27, 123, 124

ホスニー・ムバラク	Mubarak, H.	167
香港大学	University of Hong Kong	60, 62, 171

ま

マーガレット・サッチャー	Thatcher, M.	124
マーチン・トロウ	Trow, M.	17, 18, 45, 46, 76, 129
マーティン・ルーサー・キング	King, M. L.	24
マイケル・フット	Foot, M.	26, 27
マイケル・マジェラス	Majerus, M.	136
マザー・テレサ	Theresa, Mother	33
マサチューセッツ工科大学	Massachusetts Institute of Technology	192
マシュー・アーノルド	Arnold, M.	15
マックス・プランク研究所	Max Planck Institutes	64
マハティール・モハマド	Mohammed, M.	178
マハトマ・ガンジー	Gandhi, M.	24
マルコム・タイト	Tight, M.	97
マンチェスター大学	University of Manchester	47, 127
ミシェル・フーコー	Foucault, M.	36, 120
ミック・アストン	Aston, M.	161
未来へのフェローシップ	Future Fellowships	109
ミルトン・フリードマン	Friedman, M.	171
ムアンマル・カダフィ	Gaddafi, M.	172
ムハマド・ユヌス	Yunus, M.	25
モナシュ大学	Monash University	177

や

ユニバーシティ・カレッジ	University College	123
ユニバーシティ・カレッジ・ロンドン	University College London	60
ヨーク大学	University of York	50

ら

ライト・ミルズ	Mills, C. W.	122, 165
リーズ・ポリテクニク	Leeds Polytechnic	50
リーズ大学	University of Leeds	50
リチャード・ギア	Gere, R.	30
リチャード・ドーキンス	Dawkins, R.	30, 116, 117, 124, 192
リチャード・ハルデイン	Haldane, R.	64
リチャード・ブランソン	Branson, R.	37
リチャード・ローティ	Rorty, R.	36
劉暁波	Liu Xiaobo	18
ルイス・P・ゴードン	Gordon, L. P.	32
ルイス・エルトン	Elton, L.	163

労働党	Labour Party	26
ローガン・ウィルソン	Wilson, L.	76, 94
ロジャー・キムボール	Kimball, R.	120, 121
ロナルド・バーネット	Barnett, R.	166
ロバート・エングル	Engle, R.	158
ロバート・マートン	Merton, R.	67, 102, 147
ロンドン・スクール・オブ・エコノミクス	London School of Economics (LSE)	158, 164, 172

A to Z

CSR 国際センター	International Centre for Corporate Social Responsibility	172
ISI ウェブ・オブ・サイエンス	ISI Web Of Science	54
QS 世界大学ランキング	QS World University Ranking	53

索 引

アカデミック・リーダーシップ　16, 18, 35, 55,
　academic leadership　　　　　　　　133
新しい経営管理主義　18, 44-46
　new managerialism
遺産　137, 144-6
　legacy
一元的大学　117
　university
後ろ盾　22, 129, 139-144, 154, 190
　enabler
応用の学識　86
　scholarship of application
開拓者　118, 120, 123
　pathfinder
学外サービス　191
　external service
学者の責務　16, 38, 110-2, 123, 128-33, 138,
　academic duty　142-5, 147, 151, 154, 166, 167,
　　　　　　　　　　　170, 182, 184, 191
学者を管理する者　52, 57
　academic manager
学内サービス　86, 191, 193
　internal service
学問の自由　22, 37, 38, 47, 110-4, 121, 123, 128,
　academic freedom　130, 151-4, 165, 166, 168,
　　　　　　　　　　　170, 174, 175, 182, 184,
　　　　　　　　　　　185
カリスマ性／カリスマ的　17, 24, 32-4, 48
　charisma, -tic
看板教授／花形教授　108-10, 144, 187, 189, 190
　star professor
（管理）経営型教授　109, 110, 144, 150, 183, 187
　managerial professor
管理される側の学者　52, 57
　managed academic
教育型教授　78, 194
　teaching professor
教育の学識　86
　scholarship of teaching
境界内の学者　190
　boundaried academics

境界のあるキャリア　102
　careers that are boundaried
境界のないキャリア　102
　careers that are boundaryless
教授・学習重視型の教授　84
　teaching and learning professor
教授・学習の学識　86
　scholarship of teaching and learning
教養ある不確実性　15
　educated uncertainty
経営的リーダーシップ　18
　managerial leadership
研究型教授　78, 94, 105, 106, 108-10, 144, 151,
　research professor　　　183, 187, 194
研究者の能力開発　67-8
　researcher development
研究のための研究　63, 189
　blue skies research
公共の知識人　22, 37, 117, 150, 155, 156, 159,
　public intellectual　164-6, 168, 181-3, 194,
　　　　　　　　　　　195
公平無私　65-7, 69
　disinterestedness
交流型リーダーシップ　17
　transactional leadership
コスモポリタン（派）　101-3, 143, 183, 190, 191,
　cosmopolitan　　　　　194
コスモローカル　143, 190
　cosmo-local
古典的教授　107-10
　classic professor
コミュニティに根ざしたコスモポリタン
　rooted cosmopolitan　143, 144, 183
事業体としての大学　59, 69
　entrepreneurial university
実務型教授　109, 110
　practice professor
市民性ある学者　22, 131, 150, 155-7, 159-61,
　academic citizen　182, 183, 190, 191, 194
社会的責任　25, 171, 173
　social responsibility

守護者　22, 129, 137-9, 143, 144, 148, 154
　gurdian
象徴的リーダーシップ　18, 129
　symbolic leadership
職務内容記述書　16, 106, 187, 191
　job description
人生という名の大学　27, 37
　univeristy of life
水平型キャリア　187
　horizontal career
政治的公正　62, 63, 68, 120, 121
　political correctness
政治的リーダーシップ　18
　political leadership
先駆者　115, 118
　forerunner
象牙の塔　36, 42
　ivory tower
大学資本主義　90, 161
　academic capitalism
第三の使命　59, 131
　the third leg/mission
大使　22, 129, 142-4, 154, 190
　ambassador
多元的大学　117
　multiversity
段階的退職　193
　staged retirement
知恵の探求　119, 120
　wisdom of inquiry
知識移転　59, 62, 78, 119, 131, 166, 188
　knowledge transfer
知識交換　59, 131, 166, 188
　knowledge exchange
知識人としての学者　126
　academic intellectual
知識生産者　22, 62, 150, 154-8, 161, 165, 168,
　knowledge producer　　　　　182, 183, 194
知的起業家　159, 161, 168
　knowledge entrepreneur
知的財産　44, 59, 64, 114, 171
　intellectual property
知の越境者　22, 126, 150, 155, 156, 162-4, 168,
　boundary transgressor　182, 183, 194, 195

知の伝達者　21
　transmitter of knowledge
超越した学者　132
　meta-academics
直線型キャリア　187
　linear career
提唱者　22, 111, 118, 121, 124, 126-8, 141, 142,
　advocate　　　　　　　　　　　144, 167
データのハゲタカ　95
　data vulture
テニュア　74, 89, 102, 105, 114, 186, 187
　tenure
統合の学識　86
　scholarship of integration
道徳的指針　22, 169, 170
　moral compass
道徳的リーダーシップ　181
　moral leadership
同僚制　44, 47, 52, 130, 174
　collegiality
トリプル・ヘリックス　61
　triple helix
任命基準　72, 78, 184, 191
　appointment standards
発見の学識　86
　scholarship of discovery
パラダイム　17, 63, 115, 120, 124, 126, 157, 158
　paradigm
ハルデイン原則　64
　Haldane principle
非公式のリーダーシップ　19
　informal leadership
批判的良心　22, 38, 168, 174
　critical conscience
批評者　22, 111, 115-9, 121, 122, 126-8, 144, 167
　critic　　　　　　　　　　　　　　　170
批評者かつ良心　170
　ctitic and conscience
分散型リーダーシップ　34
　distributed leadership
フンボルト理念　113
　Humboldtian model
変革型リーダーシップ　17, 165, 167
　transformational leadership

補助的（な）学者　105-7
　para-academic
見えざる大学　130
　invisible college
道を歩む者　118
　pathtaker
無償奉仕（の）　59, 131, 137, 159
　pro bono
名誉教授　49, 76, 158, 192, 193
　emeritus professor
名誉教授カレッジ　193
　emeritus college
メンター　22, 101, 129, 130, 134-7, 139, 143-5,
　mentor　　　　　　　　　　147, 154, 190

メンタリング　130, 135, 137, 138, 144, 147, 191
　mentoring
モード 1 型知識　36
　mode 1 knowledge
モード 2 型知識　36, 123
　mode 2 knowledge
模範、ロールモデル　17, 51, 55, 90, 97, 98, 108,
　role model　　　　　　　　　130-4, 195
門番役　137, 139, 140
　gatekeeper/gatekeeping
倫理手順　170, 174, 175
　ethical algorithm
ローカル（派）　101, 102, 143, 183, 189-91, 194
　local

著者
ブルース・マクファーレン
英国ブリストル大学 教育学部　教授
銀行勤務や語学講師を経て、1987年に大学教員となる。10年ほどビジネス倫理を教授したのち、高等教育分野に転向。英国と香港の複数の大学で教育研究に従事し、学部長も経験した。2017年より現職。これまでに、名古屋大学、メルボルン大学（オーストラリア）、ヨハネスブルグ大学（南アフリカ）にて客員を務めたことがある。主著に Routledge から出版した *Freedom to Learn*（2017）、*Researching with Integrity*（2009）、*The Academic Citizen*（2007）、*Teaching with Integrity*（2004）がある。その顕著な業績に対し、英国高等教育学会（Society for Research into Higher Education）より2013年にフェローの称号が贈られている。

訳者
齋藤芳子（さいとう・よしこ）　第2、4、7、8、10、11章
名古屋大学 高等教育研究センター　助教
材料科学専攻から科学技術社会論・科学技術政策へ分野転向し、文部科学省科学技術政策研究所（当時）、産業技術総合研究所技術と社会研究センターほかを経て、名古屋大学に着任。主書に、『シリーズ大学の教授法5　研究指導』（2018年、玉川大学出版部、共著）、『大学教員準備講座』（2010年、同上、共著）、『研究者のための科学コミュニケーション Starter's Kit』（2009年、ダイテック、共著）。

近田政博（ちかだ・まさひろ）　第1、3、5、6、9章
神戸大学 大学教育推進機構　教授
比較教育学を専攻後、名古屋大学高等教育研究センターを経て、2014年から現職。大学の教学マネジメント全般を研究している。主書に、『シリーズ大学の教授法5　研究指導』（2018年、玉川大学出版部、共著）、『大学教員準備講座』（2010年、同上、共著）、『学びのティップス　大学で鍛える思考法』（2009年、同上）、『成長するティップス先生　授業デザインのための秘訣集』（2001年、同上、共著）。

知のリーダーシップ
──大学教授の役割を再生する

2021年3月31日　初版第1刷発行

著　者─────ブルース・マクファーレン
訳　者─────齋藤芳子
　　　　　　　近田政博
発行者─────小原芳明
発行所─────玉川大学出版部
　　　　　　　〒194-8610　東京都町田市玉川学園6-1-1
　　　　　　　TEL 042-739-8935　FAX 042-739-8940
　　　　　　　http://www.tamagawa.jp/up/
　　　　　　　振替　00180-7-26665
装幀─────朝日メディア株式会社
印刷・製本────亜細亜印刷株式会社